大展好書　好書大展
品嘗好書　冠群可期

大展好書　好書大展
品嘗好書　冠群可期

名人選輯
1

佛洛伊德

傅　陽／主編

品冠文化出版社

前言——有關佛洛伊德

喜愛抽煙及旅行的佛洛伊德

如果我們要談論十九世紀到二十世紀的思想，絕對離不開佛洛伊德和馬克斯；如果我們要選出二十名有史以來偉大的思想家，仍舊應該把佛洛伊德算在其中。

雖然他的思想受到許多的批評和譴責，但是，不僅在精神醫學和心理學方面，文學、藝術、思想等多方面也深受其影響。遺留下這麼大足跡的佛洛伊德，在日常生活中究竟是怎麼樣的人物呢？我們從二、三個插曲中來窺視他的狀況看看。

佛洛伊德非常喜愛抽煙，一天平均要抽二十根雪茄，與其說是習慣還不如說是中毒較為恰當。因此，一旦沒有香煙，就會非常痛苦，他的死因是下顎癌，以這一點來說，和他喜愛抽煙的習慣並非無關吧！

但酒他卻不太喝，頂多喝些葡萄酒，這並不是因為他是個禁酒主義者的緣故，而是他討厭一喝了酒精神就會恍恍惚惚、搖搖晃晃的，他希望自己的精神經常保持在很清楚的狀態。

佛洛伊德也很喜歡旅行，從住了八十多年的維也納的種種煩惱中逃脫出來，探究新的風景和美的事物，他認為旅行實在是件快樂的事。他到處去旅行，玩得像孩子一樣高興，尤其嚮往義大利，一生中到義大利旅行過好幾次。

雖然他很喜歡旅行，方向感卻很差，要是到稍微遠一點的地方散步，就會迷失方向，當跟他一起去散步的孩子們要回家的時候，發現父親走向意想不到的方向時，非常的吃驚，他本身也很了解自己的方向感很差，於是立刻由孩子們來引路回家。

因此，對於旅行極細微的部分，也常感到陌生，為了怕趕不上火車，很早就抵達車站，一切非常小心翼翼，但是，寫錯行李標籤或是遺漏某些東西等等的情況還是層出不窮，他的小心翼翼一點也沒發生效用。

優美的冒險家

他的性格比較喜歡周密的計劃，但並不是像遵照時鐘般正確來行動的類型，而是喜歡憑直覺來行動的類型。他自己也半開玩笑的說：「其實我不是科學家，也不是觀察家，更不是實驗家或是思想家，我只是個有獨特好奇心和耐力的冒險家罷了。」而這句話正可以表現出他性格的特徵。

因此，當他在大學講課的時候，很少事先做準備或是使用備忘錄及照原稿唸，大部分都是依照當時的印象來講課。

有一次，厄納士特・鍾斯問正要前往教室的佛洛伊德說：「這回你打算向學生說些什麼？」他回答說：「我要是知道就好了。」這個回答倒是很像佛洛伊德的個性。

佛洛伊德的講義算得上是名講義，一九三〇年，在法蘭克福獲得歌德文學獎，這足以證明他的確是個名文學家，他的講義當然算是名講義了。他的文章有維也納式的細膩優美，亦不失簡潔，很容易虜獲讀者的心，但另一方面，站在邏輯及科學的角度來看，過於細膩往往會另人覺得模稜兩可，當被問及這類問題時，聽說他都是這樣回答：「我這個人實在太懶散了。」

因為佛洛伊德擁有這樣的性格，因此，他非常討厭裝模作樣、虛榮或擺架式，也不太認為以圓滑來完成事情是有價值的；雖然他擁有寧靜的態度和自然的威嚴，然而他卻是個很容易接近的人，譬如有人因為好奇心而來拜訪他，他也很少拒絕和他們見面；當然在親密的人面前，他的態度是非常悠閒的。

由於這樣的性格，加上年輕時代極為貧窮，使他的成就真正的能夠發出耀眼的光芒。他的個性和能力得到充分發揮則是在他過了中午以後，就天才的傳記來說，像這樣的事很少，這種例子也不太常有，「人必須在生活和工作兩者當中選擇其一。」但是，像這樣將生涯和成就分開來考慮，在不完全的生活中，出現了完全的工作，是會令人感到特別有價值，這是一般人的看法和喜好。然而佛洛伊德並沒有將生涯及成就分開，他的生涯和成就是具備了相當高的格調及彼此相互調和等優點。

目錄

第二章、佛洛伊德的思想

第一章、佛洛伊德的一生

佛洛伊德的誕生

摩拉維亞的春天

摩拉維亞（註一）的冬天不但缺乏蔬菜及花草，而且一個月平均溫度在零下五度以下，連植物都像是停止活動似的，這種情形往往高達五個月，所以，摩拉維亞的冬天顯然是非常灰色的季節。在漫長的冬天結束之後，花草突然間開始活動起來，摩拉維亞的春天迅速的到來。

在一個陽光普照的日子裏，一八五六年五月六日下午六時三十分，佛洛伊德在摩拉維亞的一個小城市弗萊堡誕生了，這年在歐洲是使南丁格爾舉世聞名的克里米亞戰爭剛結束後一年。

（註一）　摩拉維亞：位於現在捷克中部的一個地方，曾經是奧地利的屬地，面積二萬七千平方公里，人口約三百五十萬。

時代的氣息

在佛洛伊德出生稍前的一八四八年二月二十二日，以巴黎市民為主導的二月革命，經過二天的街道戰之後，成功的打倒王政，於是法國第二共和成立，這點給予歐洲各國相當深刻的影響。二月革命已經具有社會主義的背景及階級鬥爭的性質，清楚的表現出時勢的變化，革命的成功正意味著封建勢力決定性的毀滅，以及自由主義勢力的最後勝利。

歐洲具有落後社會體制的各國，皆受到革命浪潮的波及。在二月革命成功後的第二個月，首先在奧地利的首都維也納發生了革命運動（三月革命），反動時代的主角人物梅特涅宰相逃亡到英國，接著匈牙利、波西米亞等地也發生了民主運動，新時代的民主浪潮強烈洗濯著佛洛伊德出生的故鄉。

像「人有自由、平等的權利」這樣的自覺、和要求「民族的自由、統一和發展」等新時代的精神，皆隨著資本主義的發展而愈來愈高昂起來，出生在這種時代背景的佛洛伊德，可以說是正適合創造劃時代思想的人。

接著來看看佛洛伊德出生時代的種種文化特色。近代史可說是一部市民階級的歷史，在佛洛伊德出生的時代，文化的形成者正是執行工業革命的主角，市民階級以他們的熱情打破了許多政治、經濟、社會上的舊制度，並且崇尚追求和解放個人的自由，因而創造了新的市民文化。

形成十九世紀後半近代市民文化的最大特色，就是自然科學以驚人的速度迅速發展，當然在其背後，有資本主義經濟強烈的要求和近代市民階級活潑的精力存在著，但由於物質文明的高度發展，人類的生活在多方面逐漸地富庶起來，因而在思想、藝術方面都有顯著的影響。

自然科學代替以往的哲學，成為惟一且絕對的知識而深受信賴，其中還蘊釀著類似中世紀文化的宗教氣氛，這正好成為孕育佛洛伊德思想的基盤。在這種尊重自然科學的風潮中，給予佛洛伊德最深刻的影響是「能源論」和「進化論」。這些理論對他的思想產生了多大的影響，後面將會詳細敘述。

父親和母親

他的父親雅可布・佛洛伊德是在拿破崙於滑鐵盧之役失利的那年，也就是一八一五年的十二月十八日出生於加里西亞的狄斯門尼茲，他的祖先原本一直居住

父親 雅可布

母親 阿美麗・娜丹森

在科隆，十四～十五世紀左右受到猶太人的迫害而逃到東方，直到十九世紀才由加里西亞回到奧地利。

雅可布主要是以販賣毛織品來養家活口的，他中年喪妻，在一八五五年四十歲時才又和二十歲的年輕女子阿美麗・娜丹森結婚，而西格蒙特・佛洛伊德便是阿美麗的長子。

阿美麗一直沈浸在喜獲麟兒的喜悅中，有一天，一位老婆婆預言：「這孩子將來一定能成為全世界性的人物。」這個預言是否只是恭維之辭都是無所謂的，但問題是聽到這些話的人作何感想？

佛洛伊德的母親當時才二十一歲，丈夫的前妻又留下兩個孩子，由約克富嫁過來後第一胎便喜獲麟兒，她喜悅的心情是不難想像的。在她聽了老婆婆的預言後，她不斷地反覆告訴別人，後來連家人也都相信了這個預言，佛洛伊德在他往後的著作『夢的解析』中敘述：「……我熱切的盼望成為偉大的人，也許就是因為這個緣故也說不定……。」

也就是說，老婆婆的預言成為一股支配佛洛伊德往後生活的力量。阿美麗一直活到佛洛伊德七十四歲時，才以九十五歲的高齡去世，她經常都在佛洛伊德的身邊，成為鼓勵他的力量，她常常這麼叫著已白髮蒼蒼的佛洛伊德：「傑奇（西格蒙特的暱稱），我的寶貝！」佛洛伊德自己認為母親的深愛和信賴變成一股堅強有力的力量，支持著他往後的一生和對學問的追求。

佛洛伊德的父親雅可布又是怎麼樣的一個人呢？

當時的歐洲是父權至上的社會，對佛洛伊德的家來說，父親也是莊嚴和權威的代表，子女們都嚴格遵從父親的教條，但是，雅可布本來就是一個心地善良的人，他也很尊重和信任西格蒙特。有一次雅可布和父親在街道上邊走邊爭吵著，而對遇到的熟識鋼琴家說：「……跟爸爸頂嘴這算什麼，我們的西格蒙特比我聰明多了，決不會跟我頂嘴……」這段插曲可以明白的表現出他們父子間的關係。父母親的信賴和期待支持著佛洛伊德的靈魂發展，這一點是可想而知的。

猶太人之子

大約是在佛洛伊德十～十二歲時，父親開始帶著他一起散步，並在閑談中將自己的人生觀一點一滴的告訴他。

有一次父親告訴他說：「當我年輕的時候，有一個星期六在大街上散步，我穿得很講究，還戴了一頂新的皮帽，然後對面來了一個基督徒，突然將我的皮帽拿起來丟到泥沼裏，這樣說著：『猶太人不准走人行道！』佛洛伊德聽完之後急著問父親：「那麼當時你怎麼辦？」父親泰然的回答：「我啊，我走到馬路上並撿起帽子。」

這個回答實在與這位體格健壯、牽著孩子的父親不相稱，佛洛伊德的胸中充滿了不滿與不甘，於是腦子裏便浮現出漢尼拔的父親在祭壇前讓自己的兒子發誓而向羅馬人報仇的情景，漢尼拔和羅馬人正象徵著猶太人和基督徒，接著萌生了拜訪羅馬踏上漢尼拔走過的道路的想法，在多年以後，他也實現了這個願望。

母親阿美麗・娜丹森也是猶太人，所以佛洛伊德顯然是真正的猶太人之子，這件事在他的一生當中，究竟有多麼大的意義呢？關於這一點以後會再度談到。

反猶太主義

歐洲人對猶太人的仇恨究竟是從那裏來的呢？簡單來說是由宗教、經濟和民族主義三方面開始的。在宗教方面，猶太人當然是信奉猶太教，他們認為自己是神的選民（選民思想），並堅定的遵守舊約全書的教條，直到現在他們仍然不吃豬肉、蝦子、螃蟹等食物（舊約全書中的禁忌）。在以色列，星期五傍晚安息日開始時，商店紛紛關上店門，交通也停止運轉，連機場也被封閉；猶太人之中較為狂熱的份子，因為忠實遵守耶和華「不可用刀刃刮臉」的箴言，所以，面頰上留滿了鬍鬚。像這種執著的殉教方式使得猶太人在國家被滅亡之後，仍能繼續生存了二千多年，創造了世界史上的奇蹟，也就是由於這個原因，而經常為其他宗教信徒所排斥。

基督教是由於與現世的權力妥協才會成為世界性的宗教，而猶太教頑固的不與世俗權力妥協，也沒有對猶太教加以改革，所以，現在的猶太教才得以延續二千多年，並仍保有宗教的古老性。

耶穌被猶大以三十枚銀子出賣而死時，可以說基督徒便開始迫害猶太人，因此，基督教的僧侶們經常叫喊著：「猶太人殺害了我們的先知耶穌，他們必須承擔這個罪過，過著顛沛流離的生活，直到耶穌再度出現饒恕了他們為止，這一切都是他們所應得的懲罰！」

失去祖國的猶太人受到如此的壓迫，雖然沒有法律的庇護卻仍然能夠生存下來，他們所依靠的除了神、金錢和團結之外，沒有別的了，無論在哪裏，他們都十分團結，這使得他們展現了優秀的商業才能，而逐漸地累積他們的財富。

最有名的是第四次十字軍東征時，十字軍中了威尼斯猶太商人的計謀，登陸同盟國東羅馬帝國的首都君士坦丁進行掠奪。十字軍東征以後，歐洲的商業開始復甦，猶太人的經濟力量也變得愈來愈強大，但隨之而來的是，對猶太人的迫害也愈來愈激烈，甚至流傳著猶太人是以魔法來賺錢的謠言。

敏銳的第六感配合上巧妙的說話技巧，不使對方反感而獲得最大利益，這被稱之為猶太商法。一方面來說，這是持續二千多年受到迫害的結果，另一方面這也成為他們被憎惡的理由。

到了十九世紀，以德國為中心的日耳曼主義將攻擊的矛頭指向猶太人，繼承這個觀念並將之發揚光大的是希特勒。在這個過程當中，中世紀以來稱猶太人是惡魔的傳說又再度恢復，佛洛伊德終於也成為這個主義的犧牲品，不得不亡命倫敦。而希特勒這邊叫道：「亞利安人是世界上最優秀的民族，是將來要支配全人類的民族，也是人類最優美形體的象徵；相反地猶太人是醜惡的民族，他們的目標是要完全地破壞今日的德國，世界上攻擊德國的文件全部都是猶太人寫的，因此，反猶太主義是目前我們民族最重要的目標。」這個無可救藥的觀念和令人憎惡的說法，皆顯示出猶太人之子是真正的悲劇之子。

佛洛伊德的家人

在佛洛伊德出生後十一個月，弟弟尤柳斯也出生了，但不到一年就夭折，之後母親連續生了五個妹妹和一個弟弟。雖然佛洛伊德一直受到母親充分的關愛，但也還是曾為母親的關愛轉向接連出生的弟妹身上而感到不安，也常常有向母親撒嬌、獨占母親等的念頭出現。

加上複雜的家庭關係，他出生時，父親雅可布和前妻的長子伊曼努爾，已經有一個一歲多的孩子約翰尼斯，所以，在西格蒙特・佛洛伊德出生前，便已經是約翰尼斯的叔叔，而伊曼努爾一家與西格蒙特一家同住一起，自然在家庭中會產生種種問題。

佛洛伊德非常受到父母親的重視，經常被視為是家庭的中心，這一點對伊曼努爾來說，實在是令人為之氣結的事。姪兒約翰尼斯意識到自己比較年長，所以常常箝制佛洛伊德，兩個人相處融洽時感情很好，但相處不融洽時則彼此互相憎恨對方，多年之後佛洛伊德回想起當時的心理狀態，敘述如下：「在三歲以前，我們彼此遠離對方，卻又互相愛護和競爭，這種孩童時代的人際關係，奠定了我往後一生中，與同年齡男子相處的基礎。」

以佛洛伊德的立場來說，在這樣家庭環境中的種種體驗，都是值得思考的。年老的父親、年輕的母親、像伯父般的同父異母哥哥、愛恨交織的姪兒和接連出生的弟妹，在這樣的環境中，身為母親最愛的他，為了確保自己在家庭中的不搖地位，面對不滿繼而起來對抗，這點塑造出佛洛伊德往後對學問、社會及自己所堅信的事奮鬥到底的性格，也因為如此他才能完成那麼輝煌的成就。

至於他的兄弟姊妹，除了他本身和妹妹羅莎患了神經衰弱這一點以外，沒有什麼特別值得記載的事情，而他本身罹患神經衰弱，這對他往後研究神經病和創設精神分析學有非常大的影響。

在他的親戚當中，有一位也罹患了精神衰弱，還有一位在十九歲罹患精神障礙，另外，有一位男子死於癲癇。他所尊敬如統一義大利的英雄加里波迪一樣的父親雅可布，於一八九六年十月二十三日去世，這一年正是他在「歇斯底里病因論」中，首次使用到「精神分析」這句話。

離開故鄉

弗萊堡位於摩拉維亞東南方，維也納東北一五〇英里的寧靜小城鎮，佛洛伊德出生時，當地的人口約五千人，大部分都是天主教徒，猶太教徒約占二％，因此身為猶太人之子，連

佛洛伊德的家弗萊堡（當時是奧地利的領土，現為捷克的領土）

維也納的街市

聖瑪麗教會的鐘聲都似乎充滿了敵意。

父親雅可布是小鎮上的毛織商人，過去二十年來為小鎮的主要收入來源的紡織業逐漸沒落，工業革命的結果，手工業急速受到威脅。

一八四〇年代由維也納駛來新的北方鐵路，自弗萊堡繞道而過，一八五一年王政復古之後，物價暴漲，一八五九左右，這個小鎮已經是相當衰微。

雅可布的生意也直接受到影響，但是，更令他感到不安和不祥前兆的是，小鎮的捷克布料製造業者認為他們陷入苦境都是由於猶太籍紡織商人的緣故，雖然未直接危害猶太人及其財產，但布拉格的革命是由這些針對猶太籍紡織業者的捷克人的暴動開始的，經濟上的困難與正在蓬勃發展的民族主義相結合，於是對傳統的替死鬼——猶太人產生了敵意。

學生時代的佛洛伊德

少年時期的佛洛伊德

佛洛伊德的少年時期比幼年時期更鮮為人知，總之在維也納生活的前幾年過得極為不愉快，佛洛伊德後來談到三～七歲這個時期說道：「是個困難的時期，不值得回憶。」一直到十歲為止，他沒上過學，一直待在家裏由父親來教育他，在這段期間，父親對他頭腦敏捷、記憶力強感到驚嘆和佩服，他不僅在少年時代就學會拉丁語、希臘語，也精通英語和法語，甚至也會義大利語和西班牙語，這應該說是緣於他的記憶力很強之故。

十歲那年進入「吉姆那森」（相當於現在的中學）就讀，除了剛開始的二年之外，以後的六年裏經常都獲得班上的第一名，當時吉姆那森高中的教室沒有任何佈置，牆壁上也沒有掛上任何匾額，坐在堅硬的椅子上，面對著枯燥無味的講義，還必須連聽上好幾個鐘頭，這得需要相當大的耐力。

少年時代的佛洛伊德(12歲)

少年時代的佛洛伊德非常勤勉用功地過著這樣的生活，他常常所抱持的希望是不輸給別人，這使得他往後想出了自由聯想法，並且能夠長時間耐著性子傾聽病人的談話。

佛洛伊德在家中自己擁有一個小房間，他無論讀書或用餐都是在房間裏進行，惟一放鬆的時刻是在讀書之餘到森林裏散步，這個習慣一直持續到他年老。

他的妹妹安娜對音樂很熱愛，而且也相當有才華，她在家中學習鋼琴，但是，由於佛洛伊德對音樂毫無興趣，常常覺得鋼琴聲音很吵，於是提出不是妹妹放棄鋼琴，就是自己離家出走，兩者只能選其一。這麼一來，原本就很器重他的父母親不得不讓妹妹放棄了學鋼琴，由這段話可得知，不論任何事如果不能按照自己的意思去做的話，他決不妥協，這種個性也是家庭環境所造成的。

在這些生活體驗中或許也造成了他往後幾年來支配性偏狹的一面吧！他的學

生阿德勒和容格相繼地離他而去，大概也是源於這樣的一個因素。

初戀

十六歲那年，佛洛伊德回到自己的出生地弗萊堡拜訪，這是他這一生中惟一的一次，當時他住在父親的朋友同為毛織商人的布魯斯家中，與布魯斯的女兒亦是幼年友伴吉夏拉陷入戀情。

但他害羞的連自己的心意都不敢表達出來，也不太敢跟她說話，二、三天之後不得不就此分手，所以，這個初戀可以說和吉夏拉與布魯斯完全無關，純粹是單戀罷了。他獨自一個人徘徊在森林裏想入非非，幻想著如果可以跟吉夏拉結婚的話，那該有多好！之後他不曾再次為愛情心動過，直到十年後遇到他的妻子瑪莎・柏內斯為止。

大學生活

居住在維也納的猶太人，為了生存只得選擇有關實業、法律或醫學方面的工作，然而像佛洛伊德這樣具有豐富智識的人，是不適合從事實業方面的工作；而關於對法律的研究，佛洛伊德一度野心勃勃想成為政治家，在大學入學考試前，法科一直是他的第一志願。

當他十一、二歲時，在料理店以客人出的題目來作詩的即興詩人，曾讚詠他說：「這個孩子將來一定成為國家的重臣。」這與他希望進入法科的志願並非無關吧？而當時的奧地利剛好是平民內閣的時代，不論是不是猶太人，只要是有能力的男子，都有希望成為閣員。雅可布買了很多平民出身的部長肖像掛在牆上，這當中也有猶太人部長的肖像。

就在佛洛伊德參加大學入學考試的前夕，聽到朗讀歌德的論文『自然』，其中「……最重要的是自己本身的事情。」這句話強烈的震撼著他的心。是的，最重要的是自己本身，於是佛洛伊德深深地省察自己本身，終於決定走向自然科學的領域裏。

「鐵血宰相」俾斯麥開始對奧地利的鄰國德國展開文化鬥爭的那一年，也就是一八七三年的秋天，十七歲的佛洛伊德進入了維也納大學就讀，後來由於父親的期望，遂由自然科學轉到醫學，不過，他並不想成為開業醫生，只是希望能徹底研究醫學這門學問，連他當實習醫生那幾年一起算入，有十三年的時間是留在研究室研究。

進入大學的佛洛伊德最初感到十分失望。第一、他是猶太人，雖然當時維也納的人對這點非常寬大，但是，佛洛伊德有更加深入的想法，他認為不論自己有多大成就，也不會被大家所認定，所以，他鼓起了不認輸的精神，也因此他的努力才能超越常人。

他在早期就已經被「緊密結合的多數人」排除在外，這使他感覺到旁人的反對中生存下去的「宿命」，往後他為了使精神分析學開花結果，不惜受盡嘲諷，此時正是為他這種不服輸的精神做準備。

第二個失望是因為年輕而太過急躁，他曾寫道：「進入大學後，我深深感覺到自己天賦能力的特殊性和侷限性，我將無法在年輕時所熱衷的那些科學領域裏獲得成果，而以下『浮士德』中魔鬼梅菲斯托勒斯的警告就是真理。」

「對學問的廣博涉獵是徒然的，每個人都只能學到他已經學會的東西。」

他因為這種焦慮而努力讀書，這究竟是怎麼一回事呢？我們由他上課的科目來推定看看吧！

進入大學的第一個學期，他全神貫注在解剖學和化學上，每週聽講二十三個小時；接著在第二學期，除了修解剖學、植物學、化學、顯微鏡學、礦物學等課之外，還選修了克勞斯教授主講的「生物學和進化論」的課，也選修了布呂克教授主講的「聲音生理學」。

第二學年，他除了修解剖學、物理學、生理學、醫科動物學等課外，同時每週都出席布連坦諾教授的討論會，布連坦諾是當時優秀的哲學家和心理學家，他的主張是「以心理學為基礎，哲學才能成為一門學問。」當時維也納大學並未規定心理學是醫學院的必修科目，但佛洛伊德連續好幾學期都出席布連坦諾教授的討論會，由此可看出佛洛伊德已經逐漸傾向心理學的領域。

第四學期修了動物學、亞里斯多德的邏輯學、物理學、生理學等課。第五學期則修了解剖學、生理學、動物學等課程。由他所修的課程來看，讀者應該能夠感覺到佛洛伊德在精神分析學及物理學、生理學、動物學方面所具備的素養。

第六學期，佛洛伊德被選派到克勞斯教授所設立的臨海實驗室，同時也開始接受生理學家布呂克教授的指導，在布呂克教授的生理實驗室裏，他找到了歸宿感和滿足，同時也在那裏找到他所尊敬而以之為模範的人物，進入大學以來一直困擾他的失望感也跟著消失了。

維也納大學的學問風氣

當時的維也納大學究竟被怎麼樣的學問風氣支配著呢？首先在哲學、心理學方面，由前面所提到的布連坦諾和繼承海伯特心理學的茲恩梅爾曼兩個教授各領風騷，佛洛伊德雖然沒有深入研究過他們的學說，但是，仍然深受海伯特心理學的影響（參考第二章的海伯特心理）。

在醫學方面，則有信奉局在論（各種精神機能全部都與腦部的特定中樞有關連）的麥諾特教授。

在動物學方面，有研究甲殼類動物等海產動物赫赫有名，及以『動物學教科書』一書聞名於世的進化論學者克勞斯教授。他是由德國哥丁根大學聘請過來的學者，由此可知，當時維也納大學彌漫著支持進化論的氣氛。

這進化論十分吸引佛洛伊德，也曾對他的思想產生很大的影響，例如後面即將敘述的「慾望論」便是一個典型的例子。

當時在社會上有教養的人喜歡歌頌某種權力，尼采崇尚個人力量的超人哲學

維也納大學

是整個社會共通的精神財產，因此，生長在這個時代的佛洛伊德也深受當尼采超人哲學的影響，雖然他在開始時加以否定，但是，在一九二五年他這樣敘述著：「有關『無意識』（後述），有很多地方仰賴尼采呢！」

他的學生朗克認為老師佛洛伊德也受到叔本華所主張的「世界的本質是盲目追求生存的意志」的影響，佛洛伊德在他的『精神分析運動史』中否定這一點。

他在研讀哲學書籍時，似乎很少認同叔本華的主張。在他晚年亡命倫敦時非常照顧他的鍾斯問他：「你究竟閱讀了多少有關哲學的書？」他笑著回答說：「只閱讀了一點，而且那是因為在年輕時被思辯所吸引，但到最後還是放棄了哲學。」瀰漫在佛洛伊德身邊的悲觀主義（註二）反映出受到反猶太主義的壓迫及叔本華等的影響。

「能」所攀附的時代

暫時成為佛洛伊德安身之地的布呂克教授的生理學研究室，與歐洲的生理學廣泛地合作，進行闡揚「生機論」的研究工作。「生機論」是假設在複雜微妙的生命現象背後，存在著特殊的生命力，這種生命力被命名為「生機說」。因為生命現象太過複雜，遂將某些謎題寄託於未知、不可知的超機械性力量上，但在布呂克的研究室裏，只認定在生命現象中物理、化學所認定的「能」，企圖以物理和化學性的「能」來解決一切生命現象之謎。

「能」究竟是什麼呢？例如，馬達通上電流就會旋轉，也就是說電流有使馬

（註二）　悲觀主義：又稱為厭世主義。認為人生是令人厭倦的，在其底部存在著快樂主義，並認為人生苦多於樂，只要不將快樂認為是幸福的話，這樣的想法便不會產生。叔本華的思想具有以盲目意志作為世界根源的厭世觀，認為人生被盲目的意志所驅使，而永遠被不滿和苦惱圍繞著。

達旋轉的功能，這種功能就是「能」，「能」可以熱能、光能、機械能等方式出現，但決不會在這個世界上重新創造出來或消失。

這個「能的保存原則」是由德國船醫麥雅提出的，而由赫爾姆霍茲使之一般化。「運動能和位置能的總量，在孤立的體系中是不變的。」以這樣的形式表現出來就立即受到世人的注目，而將一切現象的真正原因稱作「能」，這個名詞緊扣人心，在生物學上或布呂克的研究室裏也都有這樣的想法。

讀過思想篇的讀者，應該可以立即發現到佛洛伊德深受「能」這個論點的影響很大。例如他常常使用到「心能」這句話，並主張「一切心理現象彼此相互促進，相互抑制，相互連結也相互分離，這都歸因於能運作的結果。」這個主張顯然也是布呂克研究室的精神。

相遇

佛洛伊德在布呂克研究室中研究的主題是有關神經組織，雖然中途曾中斷過一段時間，但一八七六～一八八二年，他一直在這裏從事研究工作。剛好此時，佛洛伊德遇到有才能而且比他大十四歲的生理學家布洛伊爾。

布洛伊爾是道地的維也納人，他從來沒有離開過維也納一步，也不是穩重有野心的人，他自己本身在生理學上有很大的成就，但一八七一年以後，他放棄了擔任教授的機會，而自己開業行醫，一邊仍然繼續做研究。

如果佛洛伊德沒有遇到他的話，精神分析學也許就不會開花結果。我們來聽聽佛洛伊德的敘述：「布洛伊爾是個優秀有智慧的人，比我大十四歲，但我們愈來愈親密，在我生活困苦時，他是我的好朋友，也是經濟上的援助者，我們經常分享著彼此研究學問的心得。」

布洛伊爾在一八八〇～一八八二年之間，曾經治療過一位名叫安娜的歇斯底里病患，因而從安娜的病例（後述）中得到了教訓，不久便發展成為精神分析學的踏腳石。

年輕時代的佛洛伊德

佛洛伊德醫生

佛洛伊德對專業的醫學，除了精神醫學外皆不太感興趣，事實上他並不特別喜歡醫生的地位和職業，所以對醫學馬馬虎虎，他於一八八一年三月獲得了醫學士的學位，並且獲得醫師資格。

他在外表上並沒有什麼變化，之後的十五個月當中，他仍舊在同一個生理研究室工作，同年五月終於晉昇為解剖學助教。

佛洛伊德生命的轉捩點是發生在一八八二年，那時他所尊敬的布洛克教授發現他的經濟情況不佳，極力奉勸他不要將一生都花在探究理論，實際上，由布洛伊爾那裏借來的錢像滾雪球般愈滾愈大，加上陷入戀愛中，所以，事態突然緊迫起來。

不僅如此，六月十日星期六那天，他由瑪莎·柏內斯那裏得到希望他向她求婚的暗示，以現在的情況要過結婚的生活是決不可能的，他仔細思考了一整天，最後決定聽從老師的忠告。

於是一八八二年七月三十一日，他正式到維也納綜合醫院工作，同年十月當上了實習醫生，這是他第一次領薪水。

在這段期間，他除了在內科之外，還在精神科、皮膚科、耳鼻喉科等各科服務過，除了神經學以外，他還熱心學習腦部解剖學。維也納綜合醫院著名的內科醫生諾斯納格曾對他的助手說過：

「凡是每天需要五小時以上睡眠的人，都不適合研究醫學，每個醫學院學生每天要從早上八點開始聽課，一直聽到下午六點，然後回家之後，還必須繼續研讀到深夜才行。」

佛洛伊德深受這句話感動。瑪莎經常到醫院佛洛伊德的宿舍來拜訪他，在他房內桌子上放置了一件瑪莎精心繡製的刺繡，上面繡著「不必思辯工作」、「一有懷疑的話，要保留下來」等兩句話。

由研究生活轉變到臨床的醫學生活，在佛洛伊德心中有一項支配他一生命運的興趣正在萌芽，也就是說，他開始研究神經症，而且好像想把它當成生活糧食似的。

他於一八八四年開始從事神經症的診療工作，並且發表了一些有關神經系統器質性疾病(神經本身發生病巢的神經系統疾病)的病例報告，逐漸聞名維也納，但對神經官能症（由於精神上的原因所發生的神經症）還是一無所知。

事實上，在當時的維也納，神經症常常被當成是內科的一種疾病來處理，因此，佛洛伊德想要增加神經症知識的機會不多，只得自己摸索學習，當時即使是專家也有可能將神經症誤診為腦腫瘤。在遙遠的法國有位著名的神經症學專家沙考特，如果到巴黎去，也許才能得到有關神經症的知識。

一八八五年剛過完年不久，佛洛伊德因為在神經系統組織學及臨床方面成績斐然，而獲得有關神經症病理學講師資格，之後由於布呂克教授的熱心安排，佛洛伊德獲得巨額的旅費和獎學金，就在這年秋天，佛洛伊德前往巴黎留學。在決定此事時，他寄了一封熱情的信給瑪莎，內容寫道：

「看著我將美好的未來打開，我要到巴黎成為偉大的學者，然後榮歸故里回到維也納來，不久我們就會結婚，我要治好一切不容易醫治的精神病患。妳這麼照顧我，我一定會讓妳幸福快樂的，然後兩個人共同過著幸福快樂的生活，這是多麼值得高興的事啊！」

安娜的病例

佛洛伊德滿懷希望即將出發到巴黎留學之前，布洛伊爾告訴佛洛伊德他在一八八〇年十二月～一八八二年七月間，以獨特的方法治療歇斯底里安娜的例證，由於他尚未向外界發表過，所以反覆地向佛洛伊德提起。

佛洛伊德在聽到這件事後，覺得對在理解神經官能症方面受益匪淺。這個被認為是佛洛伊德精神分析學上的精髓之一的安娜病例，究竟是怎麼一回事呢？以下稍微來介紹一下。

才女安娜

安娜是位聰慧、敏銳、意志堅強、富判斷力及同情心的善良女性，在詩方面也洋溢著才華，她很容易過度高興或悲傷，在她二十一歲以前，一直過著單純寧靜的生活，到了一八八〇年中期，她在照顧敬愛的父親時發病，同時出現顯著的貧血、嘔吐、原因不明的激烈咳嗽及知覺麻痺等症狀。

布洛伊爾被延請去治療她的咳嗽症狀，診察的結果發現到，這些症狀之間都沒有關連，但有二種意識形態交互出現，當她處於正常的意識狀態時，可以很清楚地認識身邊的事物，也能很鎮定的訴說悲傷的事情，但是，當她處於異常的意識型態時，則會拒絕接受治療，看到細繩之類的東西會害怕的認為是蛇，並常以手指扯掉鈕釦，或突然想爬上樹。

這二種意識狀態相互出現著，尤其是異常狀態的症狀逐漸激烈起來，持續的時間也愈來愈長，手腳的僵硬麻痺也引起了語言機能障礙，甚至連續二週都不能說出一句話，當布洛伊爾強制她無論如何都要說話時，她並不以母語德語來說，而是以英語來說，但這時她似乎仍然聽得懂周圍的人所說的德語。

除此之外，還有嚴重的視覺障礙，例如，所看到的東西都變得異常的大（大視症）、幻想看到死人的頭（幻視）、手抓東西時常常偏向左邊（斜視）、看到一朵花時只看到花冠部分（視野狹窄症）等各種症狀呈現出來，這些症狀在一八八一年四月五日她敬愛的父親去世後，變得更加嚴重。

布洛伊爾在觀察這些症狀中，發現到一件事，如果將白天安娜處於異常狀態時所說的話記錄下來，等安娜在催眠狀態時說給她聽，剛開始她會結結巴巴的，不久便能以很流利的德語述說少女的故事。

這些故事有一部分是她自己本身的故事，另一部分則是來自於安德生「沒有圖畫的畫本」中的故事。她將故事很動人的說完後，由催眠狀態中醒來，便恢復了正常的心理狀態。

這種在催眠狀態中引導她講故事的治療法，在往後的一年半都很有效果，而布洛伊爾是在一八八一年夏，才完全確信這個治療法。

當時安娜正苦於連續好幾週的劇烈口渴痛苦中，她無法將杯子貼近嘴唇來喝水，當她想喝水時卻無法忍受將杯子貼近嘴唇喝，而會立刻拿開，所以，怎麼樣都喝不到水。

有一次在催眠狀態下，安娜對照料她的英國婦人加以嚴厲的批評，那是有一次安娜到婦人的房間去時，看到婦人的小狗正貼著嘴巴在喝水，那時她心裏感到一種說不出來的不快感，但她卻一句話也不說，而在催眠狀態下，她將一直壓抑在心中的不快感通通說出來。就在此時，她突然說要喝水，於是毫無反抗地將杯子貼在嘴唇上喝了很多水，一直到她由催眠中醒來，之後這種無法喝水的症狀就消失了。

。以後一有異常狀態出現時，便以催眠的方式來引導她說故事，將這些談話治療法累積起來，安娜病狀的意義就逐漸明朗起來了。

例如，大視症是因為在晚上照顧父親時，父親突然問道：「現在幾點了？」她由於眼裏含著淚水，所以看不清時鐘，於是將眼睛靠近時鐘時，時鐘上的數字變得異常大。語言機能障礙是因為在不安的情況下說不出話來或一直壓抑痛苦的感情所引起的。

至於手臂麻痺及無法說出自己的母語德語等，都是因為有一天晚上父親發高燒，她整晚坐在病床旁邊的椅子上等待從維也納來的醫生，不知不覺中將右手臂靠在椅背上朦朦朧朧地睡著了，並且夢見一條黑蛇出現在病房的牆壁上，好像想咬父親的樣子，她想要將蛇趕走，但是，右手臂麻痺而動彈不得，於是在不安的情況下想要向神祈禱，不過，卻想不起任何語言，只想起英語的兒童詩，從這時候開始，手臂麻痺和以英語來思考的症狀便出現了。

經過布洛伊爾一年七個月的熱心治療，安娜終於完全康復，布洛伊爾這樣認為：歇斯底里的病患大概都有過心理受到嚴重傷害的經驗（外傷性經驗），而伴隨這些經驗的「能」來被發散出來，因而反映在病症上吧！

而這些未被發散出來的「能」往往成為往後病人的心理負擔或興奮的來源，其中一部分受到神經的支配而形成身體上的症候吧！

安娜回想起那些外傷性經驗，所以，使得她身體上的症狀消失，這是因為一向被壓抑的「能」藉著回想被發散出來的緣故！那麼，什麼樣的經驗會成為外傷性經驗呢？

這必須由經驗發生時的意識狀態及經驗的內容來決定。布洛伊爾積極的努力思考這個問題，並且將他的想法告訴佛洛伊德。

巴黎留學

佛洛伊德抵達巴黎後，首先以學生的身分進入沙爾彼得里耶爾醫院，剛開始他只是多位留學生當中的一個，並未引起他人注目，直到有一天，他聽到沙考特說：「以前曾經有人答應要將我的講義譯成德文，之後再也沒有消息，如果有人願意將我的新講義譯成德文，我會很高興的。」於是佛洛伊德立刻向這位知名的神經病學者提出自己的意願，沙考特也欣然接受，甚至邀請他以後參加自己的家庭聚會。

沙考特的臨床教學

佛洛伊德與沙考特變得更親近，於是佛洛伊德將心中有關安娜的病例告訴沙考特，但是一點也不表關心，佛洛伊德也在不知不覺中很快的忘了這件事。

佛洛伊德由沙考特那裏學到了不少東西，其中令他印象最深刻的是沙考特對歇斯底里病症的研究，有些甚至是佛洛伊德親眼看到的。

其中最主要的兩點，第一是證實男性也有歇斯底里的現象。歇斯底里的原始語源含有子宮的意思，所以，當時專家都認為歇斯底里是女性特有的疾病，而男人也有歇斯底里這點，實在令人感到驚訝。

第二點是，利用催眠術暗示等方法來引發歇斯底里性的麻痺和痙攣，從而證實這種人為的歇斯底里症狀與自發性歇斯底里症狀的發作，並沒有任何細節上的差異。對於這一點，佛洛伊德剛開始時感到很奇怪，但事實擺在眼前，也不得不承認。

這兩點深深烙在佛洛伊德的心中，沙考特的研究後來成為現代歇斯底里心因論的發祥研究，佛洛伊德很幸運地見識沙考特的研究。

離開巴黎後，佛洛伊德花了一、二週的時間到柏林從事小兒科全身疾病的研究，之後在一八八六年二月回到維也納。

回到維也納之後，他必須將在巴黎的學習成果向醫學會報告，當他站在醫學會的講台上報告有關「男性歇斯底里」病例和「利用暗示所引發的歇斯底里性麻痺」的研究報告時，立刻遭到台下的激烈反駁，甚至連醫學權威都異口同聲斷言佛洛伊德所說的話無法令人置信。

其中只有一個人建議佛洛伊德在維也納尋找男性歇斯底里的實例，並將之提供給醫學會，佛洛伊德立即著手實行，但並沒有人來處理他所提供的病人。

一名外科醫生更按捺不住叫嚷著：「你怎麼會講這些無聊的話，歇斯底里原本就是子宮的意思，一個大男人怎麼會患上歇斯底里呢？」

佛洛伊德回答：「你們可以不承認我的診斷，但是，希望能讓我來處理這個病列。」結果徒勞無功，反而被趕出腦解剖實驗研究所的大門，連授課時間也被剝奪。最後，他被趕出了學術團體的生活，這使得佛洛伊德不得不獨自進行研究工作。

愛情的燈火

佛洛伊德被醫學會拒於門外長達四年三個月之久，這期間幸有瑪莎・柏內斯支持著他。

這位小巧玲瓏、皮膚白皙的女子出生於一八六一年六月二十六日，她比佛洛伊德小五歲，祖父伊沙克・柏內斯的家族與海涅頗有淵源，父親是個商人，兩位伯父各是慕尼黑大學的德文教授與海德堡大學的拉丁文及希臘文講師。

一八八二年四月的某個晚上，瑪莎與妹妹一起到佛洛伊德家拜訪，通常佛洛伊德下班回來，不管是否有客人，總是逕自走進房間繼續研究，這天當他看到這

佛洛伊德和瑪莎・柏內斯
（結婚前1年）

位邊削著蘋果，邊與家人談天的美麗少女時，立刻就被吸引住了，更出乎家人意料之外的是，他竟然參加了談話，看來這第一次的相見是命運之神所安排的。

同年的六月十七日兩人終於訂婚了，從他們訂婚到結婚的四年三個月當中，兩人整整分離了三年，在這三年的期間裏，佛洛伊德一共寫了九百多封信給他的未婚妻，長達四頁的信對他們來說已經算是很短了，有時一封信甚至長達十二頁之多。信的內容多半是情侶之間甜蜜的對話，也包含了彼此的日常生活、思索、研究、喜怒哀樂等。

佛洛伊德除了向未婚妻訴說愛情外，有時更會憤怒的批評她，沒有解除婚約應該算是瑪莎對佛洛伊德過分的溫柔與信賴的結果吧！在佛洛伊德遭到各方排擠時，支持他的就是他所愛的瑪莎，還有一個大概是布洛伊爾吧！

南錫之旅

如果要靠治療神經病患來生活的話，就必須對病患做有效的治療，當時佛洛伊德所採用的治療法有二種——電療法和催眠術。

其中電療法是當時德國最著名的神經病理權威耶耳伯所倡導的，但是，不久佛洛伊德發現到這種電療法的效果很有限，這令佛洛伊德感到沮喪，但另一方面也有助於剷除殘留在佛洛伊德心中對權威的信賴感。

催眠術則比電療法更有效果，但卻是不為精神病學教授所承認的治療法，他們將催眠術視為詐術而且也具有危險性，然而佛洛伊德在巴黎看到醫生毫不遲疑地應用催眠術，來引發症狀發作，又用催眠術來解除這些症狀，所以，他對催眠術具有一點點期待。

不久傳來一個新的消息指出，在法國的南錫出現了一個新學派，他們以催眠術大規模的給予病人暗示，對於治療神經症有很好的效果。他為了使自己的催眠術更臻完美，於一八八九年夏天前往法國的南錫。

他在南錫停留了四個星期，仔細觀察南錫學派的治療法，在觀察一場實驗之後，他得到了一個深刻的啟示：「使我印象最深刻的，莫過於得知在人類意識背後，還可能潛藏著另一種極為強而有力的心智過程。」這段在南錫的經驗對往後展開精神分析學有很大的幫助。

應用催眠術來治療的工作對佛洛伊德具有相當大的吸引力，長期充滿在內心的無力感終於獲得解放。然而後來卻也逐漸發現到其困難之處。

第一是並不能對所有的病人一律施以催眠術的治療。第二是要將病人自由自在地引導到很深的睡眠狀態是很困難的。

這樣一來，雖然佛洛伊德在南錫學習到很優秀的技術和見解，但是，對於以催眠來治療神經症的方法逐漸感到失望，最後終於放棄。

從一八八六年到一八九一間，佛洛伊德幾乎沒有從事過任何學術上的研究，在這段期間內，他習慣了當醫生，為了陸續出生的子女（三男四女），他必須負起養家的責任。

忍受孤獨的十年

淨化作用

佛洛伊德從南錫回來之後，對安娜的病例再次感到強烈關心，他認為這個病例具有無限的價值，問題是是否能將布洛伊爾所發現的惟一病例成為一般化呢？

佛洛伊德認為這個病例適合任何歇斯底里的病例，接下來累積經驗和增加病例都是有必要的，於是他對自己的病患一一採用這個方法。

隨著時間的經過，確信度也愈來愈高，最後他向布洛伊爾提出共同出版著作的建議，但溫厚的布洛伊爾竭力反對，就在此時，傑涅發表了歇斯底里症發生的原因，可以歸究於生活上的印象，而且利用催眠術可以使歇斯底里的症狀再度出現，並以此消除歇斯底里的症狀。因此，有關佛洛伊德的精神分析學中有價值的論點，皆被認為是抄襲傑涅的思想，因而遭受到嚴厲的指責，直到後來，佛洛伊德的思想才在法國被主張。

結果布洛伊爾終於同意與佛洛伊德共同著書，兩人於一八九三年發表了『論歇斯底里現象的心理機能』，接著於一八九五年出版兩人合著的『歇斯底里研究』，這本書更是研究神經症，尤其是為了正確了解精神分析學所值得一讀的書。

兩人在『歇斯底里研究』中所主張的重點如下：

歇斯底里症的發生與患者的感情生活息息相關，歇斯底里的症狀可以說是由於感動鬱積所造成的，我們必須清楚分辨無意識行動與意識行動。歇斯底里的症狀是在正常時被用於其他方面的心理上的「能」，流入錯誤的路線，被卡住無法動彈，因而產生的症狀，所以，只要引導能進入正常的路線，使其發散即可解除症狀（稱為除反應）。

總之，歇斯底里病患是因為煩惱過去的事而發病的，其症狀則是過去的外傷性經驗所遺留下來的，而這些外傷性經驗並不是常常被意識到，如果將病人引導到催眠狀態，讓他重新體驗的話，那麼症狀就會消失，布洛伊爾將這種治療法稱為「淨化治療法」。

『歇斯底里研究』一問世，立刻遭受各界的反對，對這些令人無法理解的指責，佛洛伊德感到十分氣餒，加上他當內科醫生的生活十分忙碌，兩人之間漸漸有了嫌隙，那些無法與布洛伊爾共同研究的理論，遂逐漸在佛洛伊德心中萌芽。

加注性愛的眼光

有一天，由一位剛在大學執教的優秀醫生那裏轉來了一位女病患，這位女病患正為原因不明的不安而煩惱著，這種不安往往到獲得「主治醫生二十四小時都在」的通知時才會減輕。

那位醫生悄悄地對佛洛伊德說：「這個病患不安的原因是因為她已經結婚十八年，卻還是個處女，她的丈夫性無能，我很清楚對於這種病只有一樣方法可治癒，只是我不知道該如何開始？」他慢慢地把話告一段落，並附加上「處方、陰莖、正常量。反覆服用」等語，佛洛伊德對於這些挖苦人的話感到很吃驚，於是他逐漸將眼光集中在性愛上。

『歇斯底里研究』出版後數年間，佛洛伊德收集到很多病例，並加以檢討分析，他發現到一件奇妙的事。在神經官能症的背後，並不是任何一種激奮的情緒在作祟，而通常都是與性有關。

他對這個出乎意料的結果感到驚訝，但並不認為可以避開這個與性有關的結果，於是他開始著手調查研究在門診時間來看病的神經官能症患者的性生活，這對他醫生的聲望打擊很大，但是他不氣餒，仍舊熱心繼續研究，在當時的社會，要詢問這類問題實在不是簡單的事，但一旦克服這個困難的話，會發現任何病人都有性方面的問題。

當然對有性問題的神經官能症患者來說，只是這點並不能證明兩者之間具有強烈關連，他努力不懈的結果，終於收集到很多具有強力證明的資料。

佛洛伊德認為，神經官能症是受到性機能障礙所引發的疾病，他在醫生同僚間展開演說，但換來的卻是「不信」與「輕蔑」，甚至連布洛伊爾也正式與他決裂，佛洛伊德此時是完全被孤立了。

自由聯想法的確立

被孤立的佛洛伊德對布洛伊爾的淨化法仍有幾個疑問，淨化法是否只適用於歇斯底里的症狀？或是對將催眠術運用在治療上的疑問。

例如，利用催眠法所得到的治療效果取決於患者和治療者之間的人際關係，一旦人際關係不良的話，就會使治療效果等於零，如果幸運發現恢復人際關係的途徑的話，也就能再度恢復治療效果。然而患者與治療者之間的個人關係，比處於催眠狀態的淨化作用更有效果，這點是很重要的發現，就這樣，有一天發生了一件意想不到的事。

那是在為一位苦於疼痛的女患者，引導進入催眠狀態，將成為發作原因的「能」發散掉，來解除她的痛苦時，這位女患者由催眠中甦醒過來，突然用雙臂摟住佛洛伊德的脖子，並將身體靠近他。

幸好此時進來了一位佣人，才化解這種尷尬的事，自此以後，他默默地放棄了催眠治療法。

佛洛伊德認為病人的行動是由於其本身存在著某種吸引人的優越的東西，此時他隱約看到這種東西在催眠治療法背後悄悄發生作用的神秘本性。

對放棄了催眠治療法的佛洛伊德來說，想要找出替代的治療法十分不容易，他正為此事煩惱著。

有一天，突然想起在南錫看過的某個實驗，這真是天助佛洛伊德也。這個實驗是被催眠者從催眠中醒來，他完全不記得催眠中發生的事，但施催眠術的人強制他：「你一定記得的，而且必須將它想起來才行！其實你全部都記得，只要將它說出來就可以了。」

然後，將手再度放在被催眠者的額頭上，令人驚訝的是，被催眠者剛開始會有些遲疑，接著會很流暢的說出剛才記不得的內容。

佛洛伊德想到可以試用這個方法看看，以往對病人施催眠術所得到的內容，其實病人應該全部記得，只要稍微鼓勵他一下就可以了，這種強制回想法施行起來比催眠法更困難，但是，所得到的內容卻更加豐富。

這個方法施行起來相當的費力耗時，第一、醫生讓病人回想其所「期待」的事，這件事本身是相當困難的，於是佛洛伊德再度改變治療法，新的治療法從某種意義上來說，正好與強制回想法相反，稱為「自由聯想法」，這個治療法是要求病人想到什麼就說出什麼，不要認為「這個不重要」或「即使說了也無意義」「這完全無關」而不說出來。

放鬆緊張的情緒，以悠閒的心情將腦海中所想到的事都說出來，這種自由聯想法和以往的方法一比較，不但省時省力，資料的獲得也是來自於病人本身，但是，僅憑一次的自由聯想，便要將各種症狀及原因有系統的完全引導出來是不可能的。

雖然稱為自由聯想法，實際上並不自由，所以，必須進行數次的自由聯想，在整體上自然會傾向於某個特定的主題，以便收集到適合分析的資料，於是佛洛伊德獨創的治療法「自由聯想法」因此確立。

由於想忘記才會忘記

為何歇斯底里患者經常忘記自己的外傷性經驗呢？還有為何淨化法、強制回想法、自由聯想法能使患者想起呢？

佛洛伊德不斷地觀察病人，發現到那些不久即被遺忘的經驗，皆具有某種意義且充滿著痛苦，那是可怕、痛心、難以啟口的經驗，由於「想要忘記所以才會忘記」。為了使他們再回到意識上，必須先戰勝在心中忘記的事，他稱之為「抵抗」，醫生的任務就是增強他們抵抗的能力。

從抵抗的反面來看，在想要遺忘某件事的狀態中，將這件事壓抑著，於是產生了「壓抑理論」。

為了要抑制這件事，就必須在無意識中使用心能，以至於患者的心能逐漸貧乏，被壓抑住的東西也因為正常發散的「能」的通道被阻塞，只好繞道或另尋他處發散，這使得患者產生了神經衰弱及各種異常的症狀，這麼一來，就必須改變神經官能症的治療方式。

要達到這一點，並非使進入錯誤路線而動彈不得的「能」通過就算了，還必須找出壓抑的原因，並將原因消除掉才行，佛洛伊德將這種新的治療法稱為「精神分析」，這是「精神分析」一詞首次出現。

壓抑理論一形成，當然被壓抑住的東西所處的世界便成了一個問題，那是個在日常生活中被遺忘的世界，也就是「無意識的世界」。

無意識世界的存在及有關其特質的理論，便成了佛洛伊德思想的重要假說，對精神分析來說，一切心的事物開始時都是無意識的，只是後來再加上有意識的事物或甚至不加上去罷了。

夢的分析

在佛洛伊德思考「心的無意識世界」時，遭受到很多哲學家的嘲諷，對那些人來說，「心」是「能意識到的東西」，而「不能意識到的心」實在是很滑稽而且很矛盾的。

佛洛伊德對這些哲學家的嘲諷，只能聳聳肩不加以理會。他耐心地累積自由聯想法的經驗，這是條艱辛的道路，有時焦慮不安、有時又困惑不已，當他長時間聆聽患者從心中說出來的話，會想：難道真的沒有更好的方法嗎？

某一天，他突然想到一個好主意，那便是夢的分析。誰都會做夢，不論是充滿色彩的夢，或是濃暗灰白的夢，或是像電影般的夢，亦或被霧團團包圍的夢。夢才是真正存在無意識世界的東西，它趁著自己睡眠時，舞出了有意識的世界，不是嗎？

自古以來，夢被認為能預知未來而受到尊重，但近代科學不曾去了解有關夢的事，而且認為以夢來占卜完全是迷信。但佛洛伊德認為夢是像神經官能症一樣可以妄想的東西，它在無意識的世界裏被抑壓住而突然表現在臉上。他不拘泥於夢的表面，而將夢的內容當作題材，使病患自由連想，這個方法得到了很好的效果。夢已經不是合理的現象，也不是心理錯亂的現象，而是能與白天有價值意義的精神活動相匹敵的現象。

佛洛伊德將這幾年來的想法記錄下來，寫成『夢的解析』在一九〇〇年首次出版，我們將這一年當做是精神分析的發祥之年，這本書為二十世紀帶來了重大的啟蒙作用。

關於他的夢的理論，將在第二章思想篇詳細敘述，在此只簡單敘述他的中心思想。

人的內心深處隱藏著各種願望，而這些願望常使得人的感情高昂起來，進而提供做夢時所需要的「能」，利用白天發生的事所遺留下來的遺留物作為材料，組織成夢。

也可說夢是隱藏在內心深處的願望，在獲得滿足的情況下，以某種形式表現出來，換言之，夢是「願望的充足」。強烈的空腹、口渴及排泄的需求，皆可成為夢中無意識的刺激，有關這種需求獲得滿足的夢，讀者大概都曾體驗吧！於是夢就很明顯地成為心理學研究的對象。

精神分析學的輝煌成果

慕名而來的學生

佛洛伊德與布洛伊爾決裂後的十多年中，佛洛伊德沒有得到任何支持者的支持，在維也納大家都避開他，在國外也沒有人提到他的名字。

曾經有位維也納大學醫院的助手問道：「一定要閱讀『夢的解析』嗎？」教授們的回答是：「那麼辛苦是沒有代價的。」但是，佛洛伊德仍然孤軍奮鬥了十多年，他的艱辛奮鬥終於就要結束了。

一九〇二年開始，有好幾位年輕醫生圍繞在佛洛伊德的身旁，他們學習精神分析學，並企圖將精神分析學普及化，在固定日子的傍晚，大家齊聚在佛洛伊德家討論，在精神分析學尚受到議論，技術及理論尚未充分完成，未來的可能性也尚未穩定的時刻，這些誠心來學習的年輕醫生的勇氣，著實讓佛洛伊德感到十分安慰。

這些年輕醫生當中，包括後來成為佛洛伊德忠實的研究伙伴及「國際精神分析學會雜誌」的總編輯奧多・蘭克。

這個小小團體逐漸擴大，後來成為佛洛伊德學生的容格，於一九〇二年在他談論有關神靈現象的書中，首次提到『夢的解析』，這正是『夢的解析』成為世界注目焦點的開始。

在國際上大顯身手

一九〇七年佛洛伊德五十一歲時，情況大大地改變，那位將早發性痴呆症命名為精神分裂症而聞名於世的蘇黎世大學精神病學教授布洛伊勒，對佛洛伊德的學說深表興趣，由這位嚴謹的禁酒主義者及布爾格荷爾茲利精神醫院院長的德裔瑞士人的來信當中，對於在他的精神醫院所採用的佛洛伊德的研究讚賞有加。

醫院的助手容格提議：「明年春天在沙爾斯堡召開第一次精神分析學會議。」於是在一九〇八年四月二十六日復活節當天召開了第一次會議，決定創刊「精神分析及精神病理學研究年報」，於是以容格為首的佛洛伊德支持者，成為提高精神分析學價值的主要力量。

佛洛伊德的旗下（1922年攝於柏林，左二即為佛洛伊德）

自從維也納學派和蘇黎世學派結合之後，精神分析學異常地興盛起來，到處都在談論著精神分析，有關精神分析學的書籍也充斥坊間。

英國的性心理學家哈巴洛克・艾利斯說：「佛洛伊德的精神分析已成為時代的先端，不僅奧地利、瑞士，連美國、英國、印度、加拿大，還有亞洲都在進行這種治療方式。」

一九〇九年秋，美國麻州克拉克大學校長史坦利・霍爾邀請佛洛伊德參加克拉克大學創校二十周年紀念，並且演講有關精神分析的研究。旅費全由克拉克大學負擔，除此之外，佛洛伊德還可獲得三千馬克（黃金七一四元六十分）的謝禮，他在克拉克大學作了五次的演講，同行的容格也演講有關「兒童的心情和情結」。

最令人感動的是，在典禮最後，佛洛伊德獲贈克拉克大學法學博士的榮譽學位，在長期遭受輕蔑和指責之後，佛洛伊德十分感動，他在致謝詞中說道：「這是我們的努力第一次被正式合法承認。」

佛洛伊德的支持者有前面提到過的蘇黎世大學精神病學教授布洛伊勒、出生英國的紐約大學教授布里爾、匈牙利布達佩斯出生的生物分析學創始人費倫齊、佛洛伊德晚年亡命英國時十分照顧他的鍾斯、在柏林開設私人精神分析診所的阿伯拉罕、出生維也納而活躍於美國的愛徒雷克、及後來脫離佛洛伊德而成為優秀研究者的容格、斯泰克爾、阿德勒等不勝枚舉。

日常生活的精神病理

佛洛伊德的精神分析學是由對神經官能症和歇斯底里等異常行動的分析，進入到夢的解釋，這意味著他的理論不但適用於人類的異常行動，也適用於正常行動的分析，因為任何人都會做夢。

於是他更進一步研究，人在日常生活中常犯的小錯誤或語誤，將這些研究加以整理，於一九〇四年出版了『日常生活的精神病理學』，這本書雖然廣泛流傳著，但它的根本理論還是「人在日常生活中所犯的會錯意或說錯話，那決不是偶然的，其中都是有原因和意思存在著，都可以加以解釋的」我們從他的著作中舉出一、二個實例。

某日，一位女患者來拜訪他，她原本想說：「……我感冒鼻塞，所以不能用鼻子來呼吸……。」但她卻將其中N開頭的單子及A開頭單字的N和A顛倒，當她慢慢地再說一次，她立刻察覺到自己說錯話的原因。

原來她每天都會在哈塞那瓦街乘坐電車，在等待電車時，突然想像如果自己是法國人的話，就會將街名以A字母開頭來發音，而前面提到將N字母及A字母顛倒過來唸的單字，則與這個以A字母開頭來發音的街道名非常相似，然後她又舉出幾位她所熟識的法國人名。

像這樣回憶種種的事，那是因為先前有幾位從巴黎來的法國人到她家拜訪過的緣故，因此她所列舉出來的錯誤，與她感冒鼻塞完全無關，而是受到無意識心理作用影響的結果。

另外還有一個例子，某精神分析師的妻子，雇了一位法國女佣來幫她處理下午的家事，事先約定要保留那位女佣的身份證明書，但後來那位女佣卻又說要自己保管，她的理由是：「我下午，哦！對不起，我想要找的是上午的工作。」這個語誤的原因，讀者應該很快就知道吧！

她心裡想也許能再找到其他條件更好的下午工作，所以才會說錯話，結果也是如此，後來那位女佣找到其他工作而離開了。

佛洛伊德的日常生活

佛洛伊德平常的生活除了工作外，簡直沒有其他更重要的事了，通常他早上七點起床，八點開始看第一位病人，不過由於工作繁忙，加上熬夜，要在早上七點起來實在不容易。有位理髮師每天早上都到他家來替他修鬍子，必要時順便理髮。他診察一位病人，平均要花費五十五分鐘，再休息五分鐘，然後再看下一位病人，這就跟時鐘一樣準時。

佛洛伊德很喜歡用餐時間，用餐時他總是一言不發，聚精會神地去品嚐，如果哪個孩子沒趕上吃飯，他就會一言不發用刀叉指著那個空位子，並以詢問的眼神看著瑪莎，這時瑪莎就會向他說明那個孩子不在的理由，聽了解釋之後，他就會點點頭繼續吃飯。

年輕時代的佛洛伊德，常常打保齡球來作消遣，可是他最喜歡的運動還是散步，而且他一向健步如飛。

如果在散步的時候找到蘑菇的話，他會小心謹慎地爬過去，然後突然用帽子把蘑菇蓋住，彷彿在捉蝴蝶，深怕它會飛起似的。

事實上，他在找蘑菇方面有出奇敏銳的第六感，可以找到哪些地方有蘑菇，甚至在乘坐火車時，也能從窗戶裏指出那些地方來。他很喜歡教孩子們三件事：野花的知識、找蘑菇的方法及玩義大利撲克牌的技巧。

佛洛伊德對子女的教育很寬大放任，這可能是由於他下定決心不讓子女經歷自己年輕時代經濟上的不安吧！他要十四歲的大女兒走在自己右邊一起散步，女兒的同學看到這個情形，就告訴她這種走法是錯誤的，女兒應該走在父親左側才對，她很驕傲的回答：「我的父親可不這麼想，他說我已經是位女士了。」

當時在奧地利幾乎沒有人會確實申報所得稅，佛洛伊德也不例外，他覺得家裏所需要的錢比皇帝所需要的錢更重要。

某日，政府當局寫了一封信給他：「你的名聲響遍國內外，但所得稅申報的收入卻沒有增加，這實在很令人吃驚。」已擔任教授的佛洛伊德立刻回信：「我接到了這封政府的來信倍感榮幸，政府第一次以這種形式來肯定我，實在感激不盡；對於信的內容，只有一點深表贊同，那就是我的名聲響遍國內外這句話，而我的名聲卻是在越過國境，傳到國外時才開始被肯定的。」

當佛洛伊德享受優美的景色及參觀陌生的場所時，會深深感到滿足及快樂，所以他經常旅行，他到過他所敬愛的英國及美麗的義大利。在義大利時，他尋訪過七次漢尼拔及古代的遺跡，和妻子分離期間，每天都以書信及電報來連絡，每二、三天便寫一封長信。

在拜訪義大利時，他喜歡的地方有威尼斯、佛羅倫斯等。除此之外，他還有一個重要的消遣，那就是他孤獨時代，所參加的猶太人組織的社團「伯奈伯利茲社」，他一生都是這個社團的社員，每星期二所召開的社交及文化集會，他也大都出席。

一九三六年三月，納粹德國佔領國際精神分析出版社時，所持的藉口是：「佛洛伊德是地下政治運動組織的成員。」便是由於他是「伯奈伯利茲社」的一員。

佛洛伊德的人品

佛洛伊德不喜歡把自己的人生或他人的人生複雜化，例如他只有三套衣服、三雙鞋子、三套內衣，即使是長途旅行時，行李也是這麼簡單。他是個討厭裝模作樣和虛榮的人，但是卻很容易親近，即使只是由於好奇而來拜訪他的訪客，他也一定親自接見。而且他很容易相信別人的話。

例如，他輕易地就相信某位女性病患所說的話：「我被父親所引誘。」其他歇斯底里患者所說的話，他也都信以為真。

經過幾年的觀察，他發現到歇斯底里患者所說的話顯示出他們的「幻想」，這種輕易相信別人所說的話，與能夠忍受強烈指責而建立自己學說的個性，都是他人格上的一個特徵。

的確在他的人品中，有種種極端相反要素共存的一面，如探究科學及思考哲學，熱情的衝動與強烈的性壓抑，男子氣概與女性般的溫柔，強烈的創造力和獨立的欲望與需要依賴和依存等，這些都反映在他的學說「二元論」當中。

佛洛伊德對妻子的態度，堅持主張一夫一妻制，只要與妻子短暫分離就會非常想念她。如果說到一生中對妻子以外的女性絕無性衝動的男性，那大概非佛洛伊德莫屬了，這是因為他深愛著瑪莎。

佛洛伊德認為女性的心理比男性更深不可測，他曾說：「這一向都是無法回答的，我花了三十年來研究女性的心理，但仍舊無法回答『女性究竟想要什麼？』這樣的問題。」

掉落的花朵

一九一〇年，佛洛伊德一邊觀察日益興盛的精神分析學的狀況，一邊考慮使精神分析運動成為國際組織化，他並且將中心移往蘇黎世，那年他五十四歲。維也納的地理位置過於偏頗，街道上也過於喧嘩，在那裏有人讚揚他，將他比作哥倫布、達爾文，但也有人指責他是騙徒、性瘋子。

與維也納相比較的話，蘇黎世是歐洲的中心地，很適合在此設立精神分析研究所，以五十四歲的年齡仍然擔任指導者是件沉重的負擔，於是他將地位及權力移交給年輕一代，能繼承他的只有容格，他年輕又有傑出的才能和成就，對身為猶太人的佛洛伊德也不持歧見的態度等，皆顯示出容格是最合適的接替人選。於是一九一〇年三月召開紐倫堡大會，設立「國際精神分析學會」，容格被選為會長，此時佛洛伊德並未察覺到隱藏在背後的分歧。

一九一一年在魏瑪召開國際精神分析學會第三次大會；一九一三年在慕尼黑召開第四次大會，在這段期間，阿德勒與容格這二位重要人物脫離了精神分析學會，他們二人都是年輕一代，於學問上也都擔任重要角色的人物，阿德勒於一九一一年脫離，容格則是在一九一四年脫離學會，二人對於佛洛伊德過於重視「性」的要素皆加以反駁。也就是說，阿德勒因為否定性愛一般的意義，而強調人類對權力的要求，所以才脫離的；容格則因為反對「兒童性愛論」和「兒童分析論」而離開學會的。

往後幾年，佛洛伊德回想起他們二人脫離學會時說：

「一個團體以幾個主要的點作為一致的基礎而設立時，當然也有捨棄共同基礎而離去的人。但是，社會上有人說學生的離去是因為我心胸狹窄的緣故，然而以這點為理由而離去的，只有阿德勒、容格、斯泰克爾等少數幾人，其他像阿伯拉罕、阿丁根、費倫齊、蘭克、鍾斯、布利爾、查赫、裴斯特、雷克等人，都忠誠地與我合作了十五年以上，並且將我當成指導者，與我私交甚篤，還有這麼多人存在著，這應該能使大家充分了解事實吧！」

由這句話當中，可看出他強烈要求會員支持同一意見。大家應該可以由此隱約看出佛洛伊德的宗教性性格及神學性性格。

佛洛伊德在他的壓抑理論中，一向對被壓抑的東西做種種的考察，但是，對壓抑的東西卻幾乎不做任何考察，他以這個同伴脫離的事件做為起點，來提高對壓抑的東西的關心，不久便發展出自我欲動論，並完成性欲論，從此之後，他的興趣逐漸集中在「性格論」上。

年老的佛洛伊德

水仙花

將不願回想起的事物，像是性慾之類很明顯不為社會所接受的事物，壓抑在無意識世界中的壓抑者，究竟是什麼？

佛洛伊德認為那是在心中運作的自戀本能。

自戀又是什麼？根據希臘神話，美少年拿西梭斯因為拒絕美少女厄科的求愛而遭受懲罰，愛上自己映在水中的倒影，而終於為了擁抱自己的倒影而溺死於水中，死後化為水仙花，這種忘我地愛上自己的行為，就是自戀主義的本質。

這種自戀的心的機能，除了將充滿痛苦及傷心的體驗逐出記憶外，還將不為社會所接受的欲望壓抑住。自戀的傾向決不會消失，永遠駐在人類內心深處，進而發展成壓抑者。

佛洛伊德和孫子（孫子分別是海那勒及艾倫史特爾）

第一次世界大戰

第一次世界大戰開始時，佛洛伊德表現出來的態度，實在令人難以想像，像他這種已經五十四歲的和平主義者，照理說應該很痛恨接到戰爭的消息才對，但事實完全相反，他一直熱衷的工作也做不下去，只是一味地與弟弟談論開戰當天所發生的事，整天變得很容易興奮和易怒，而且常常說錯話，這種興奮的心情只維持了二週，他又回復到原來冷靜的狀態。

戰爭開始的二、三年，佛洛伊德比較傾向同情德國，甚至還希望德國戰勝，然而他所喜愛的德國軍艦「

embden」被擊沉，妹妹羅莎的獨子也戰死在義大利，他逐漸喪失對德國戰勝的希望，再加上戰時糧食及燃料不足，各種生活上的瑣碎問題也陸續出現。

在佛洛伊德的學生中，有一位叫洛・安德利斯・沙洛姆的女學生，她在戰前曾跟隨佛洛伊德學習，是位善於敏銳發現偉大人物的女性，她的朋友包括俄國作家屠格涅夫、托爾斯泰，法國雕塑家羅丹，奧地利詩人李爾克，瑞典劇作家斯特林貝格、奧地利劇作家斯尼茲爾等人。

她特別迷戀尼采與佛洛伊德，佛洛伊德對沙洛姆女士的品格有很好的評價，而沙洛姆對佛洛伊德的成就更是加以推崇。佛洛伊德曾在心情沮喪時寫信給她：「請給我一句鼓勵的話好嗎？」

她也立即以爽朗樂觀的語氣回信給佛洛伊德。

洛・安德利斯・沙洛姆
（佛洛伊德十分敬佩她）

戰爭的結果打碎了佛洛伊德當初的預測，而以戰敗收場，這個經驗大概使他的思想及生活受到很大的影響，他一向信賴人類理性的力量，認為人只要靠著理性的力量就能避免受到本能的支配，更進一步來說，有意識來支配人類本能的理性自由，才是佛洛伊德精神分析學的根本信條。然而在大戰中所經歷到的殘酷行為和極混亂的狀況，不但將他的信念連根拔起，也將他逼進幻滅的深淵，而幾乎到了絕望的地步。

他曾說：「我們這些老百姓並不如所畏懼的那麼墮落，因為一開始便不如我們相信的那樣努力向上。」

佛洛伊德的悲觀主義也就是不抱任何幻想的現實主義，他在第一次世界大戰前就已經有這樣的想法了。這種想法由於經歷了第一次世界大戰，而有更深一層的體驗。

在他一九一五年出版的『戰爭與死亡的隨想』中，便以下面的話來結尾：「總之，要忍耐的生存著是活的人的第一個義務，古人說：『想要和平的話，就必須準備戰鬥』，現在應該改成：『如果想生存的話，就必須覺悟死亡』。」

戰爭神經官能症與死的本能

第一次世界大戰為改變神經官能症病因的看法帶來一大轉機，透過參與戰爭的各國士兵之間，不僅戰敗國德國，連戰勝國英國也陸續出現了所謂戰爭神經官能症。那是由於在戰場上連續的緊張、危險和不安，造成透不過氣、嘔吐、原因不明的疲備感、憂鬱感、自責感、歇斯底里症狀（身體麻痺、痙攣、發抖、健忘、重聽、失神、失聲、視野狹小）等各種身心症狀的神經官能症。

就德國方面來說，尤其是在塹壕戰之後，患者便急速增加，前線士兵主要是產生激烈的驚愕反應，後方士兵也逐漸產生神經官能症或歇斯底里的症狀，雖然有差異，但總之在戰爭的特殊狀況下，產生了大量的男性歇斯底里患者。

這個事實於一九一六年的神經病學會的會議上，佛洛伊德主張「心理的因素造成了神經官能症」的神經官能症心因說獲得證實。如此一來，佛洛伊德的思想逐漸被一般化，但另一方面卻也給了反對精神分析學的反對者有力的支持，也就是這證明神經官能症在沒有性的因素下也會發生。

對於這一點，佛洛伊德說：「那是主觀而且偏激的結論。」但是，他的理論也因此處在新的轉捩點上。

在這樣的背景之下，他在一九二〇年出版的『快樂原則的彼岸』中，首次提倡人類具有「死的本能」，這種死的本能與「生的本能」相對立，而且是將攻擊本能朝向自己。

於是佛洛伊德對自我的觀念，大致分成下列三個階段來發展。

最初的階段是與性本能相對立的自我考量，和壓抑性衝動的無意識世界，而自我則代表無意識世界。接下來的階段，自我並非與性本能相對立，自我衝動的本質即為性衝動，這是基於針對自己本身的自戀主義和以他人為對象的對象愛之間相對立而來的。第一次世界大戰以後的階段是，認為自我的衝動是生的衝動（性本能的衝動）和死的衝動（攻擊的衝動）相對立而來的。這個死的衝動因為是佛洛伊德在晚年時才有的想法，所以，佛洛伊德本身並未談論很多，而且在精神分析學專家之間，也有很多人否定這個想法。

但是，佛洛伊德以戰爭神經官能症為契機所做的各種觀察和思考，考慮到神經官能症的病因是性愛以外的原因，這種想法原則上是配合著相對立的觀念，而以動能力的關係討論形式來發展，但是，其對立觀念相互間的關係是相當錯綜複雜，無法很明顯地將其區分開。由此反而可看出，佛洛伊德的理論經常是不停的發展。

悄悄逼進的病魔

一九二三年二月，六十七歲的佛洛伊德發現自己的右顎有類似腫瘤的東西，起初他沒有告訴任何人，也沒有找醫生治療，最後終於無法忍受，於四月進行第一次切除手術，往後他為了切除癌細胞而進行過三十三次切除手術，而這次切除下來的腫瘤經過精密檢查，發現是癌症，但此事佛洛伊德並未被告知。

剛好就在這時候，他的孫子海納勒也正在接受切除扁桃腺的手術，海納勒是佛洛伊德最疼愛的一個孫子，他們兩個同時接受手術的病患首次見面時，海納勒天真的說：「我已經可以吃麵包皮了，爺爺你呢？」佛洛伊德感到十分欣慰，當海納勒於同年六月死於粟粒結核時，佛洛伊德甚至失聲痛哭，這是他有生以來惟一的一次。

接受過手術後，他的病情並沒有好轉，不但發音困難，連他最喜愛的用餐也成為一種負擔，聽力也受到損害，連聽病人說話都深感困難。這一年佛洛伊德首次接受羅曼羅蘭的來信，這是他們兩人書信往來之始，由於佛洛伊德對羅曼羅蘭的評價很高，所以，彼此往來的書信暫時撫慰佛洛伊德的心。此時他也確信自己的病巢已經轉成癌症了。

同年年底，佛洛伊德自動要求做輸精管的結紮手術，希望藉這個手術恢復年輕，來使得癌症的再發緩和下來，但手術的結果並沒有任何效果，於是他再度接受癌症手術，也接受放射線治療，但是治療的效果不理想。

一九二五年發生了一件奇妙的事情，美國有家電影公司想以佛洛伊德的精神分析學為主題來拍攝電影。佛洛伊德認為將這些愛的理論電影化是有趣的嚐試，但是他還是拒絕這個提議，因為他不認為自己抽象的理論能以電影具體的手段表現出來。雖然佛洛伊德拒絕，但電影還是被完成，而且電影公司在沒有獲得佛洛伊德的同意下，以「『心的秘密』是接受佛洛伊德博士的計劃和檢討拍攝而成的電影」來宣傳，佛洛伊德對此表示抗議，而反對精神分析學者則利用這件事抨擊佛洛伊德說：「佛洛伊德由於得不到學者的支持，只好淪落到以電影來向一般民眾宣傳的地步。」

佛洛伊德的病差不多是不治之症了，他在三十四歲患了心臟病，五十四歲時再度發作，接著癌症病發，七十歲時又患了狹心症，一直為病痛所苦的佛洛伊德想起了威廉・詹姆士說道：

「在美國會見威廉・詹姆士時，發生了一件我永遠忘不了的事情：我們一道散步，走著走著，他突然停了下來，把他的皮包交給我，要我繼續往前走，並告訴我說，等他正在發作的心絞痛過去後，他會馬上趕上來。他於一年後死於狹心症，我常常希望自己能像他那樣，在面臨死亡時也能毫無畏懼。」

思辯的時代

佛洛伊德的著作大致上是以第一次世界大戰為界線，思辯的傾向隨著增加。第一次大戰時首次發表『關於無意識』，一九一四年發表『自戀主義序說』、一九二〇年發表『快樂原則的彼岸』、一九二一年發表『群體心理與自我的分析』、一九二三年發表『自我與原我』、一九二六年發表『不安論』、一九三〇年『文明及其不滿』等接二連三發表論文。

這些著作正如他自己所說的，實證方面顯著減少，而思辯色彩卻逐漸濃厚。他說：「自己已經老了，和以前有所不同，再也沒有多餘時間讓自己的思想更臻成熟，必須在未成熟的想法中將自己想到的事敘述出來才行。」他在身體狀況極差的情況下，像根燃燒殆盡的蠟燭般照耀著最後的餘輝，極盡心力繼續寫著充滿思辯的論文。

佛洛伊德於一九二三年在柏林舉行的國際精神分析學會會議中，做了生命中最後的演講，他首次提出了有關超自我（參考第二章思想篇）的構想，接下來簡單敘述其要點：

「自我的構造並非是單純的東西，它的核心包含著一個具有審判機能的超自我存在著，自我與超自我在大部分的時候是融合在一起的，所以不太能區分，但在某方面來說，兩者也能很清楚地加以區別。就發生上來看的話，超自我是子女得自於雙親的東西，因此，它們會像幼兒時代父母對待他們一樣地對待自我。」

總之，他所謂的超自我在邏輯上是與所謂的良心相同，良心是對自己和別人嚴厲的命令者、批判者，使自尊心與他尊心系統化的東西。

換言之，超自我是對自我課以理想或是發出禁止令，當有背叛傾向時，使人產生罪惡感、恐怖感和害羞等。

八十歲生日

一九三六年世界各國都為佛洛伊德舉辦慶祝八十歲生日的慶祝會，他本身則是很寧靜的度過自己的生日。佛洛伊德的房間像花店般擺滿了別人送來的花，他的身體狀況偶爾會好轉些，就會閱讀來自世界各國的祝賀辭，其中也包括了本世紀最有名的物理學者愛因斯坦的祝賀信，部分內容如下：

「能有機會向您這位最偉大的導師表示敬意和祝賀，深感榮幸。……在這之前，我聽過好幾次除了根據壓抑理論來解釋，否則無法說明的實例，當我遇到這種事情時，會感到很高興，因為知道偉大完美的理論與現實一致是件令人感到興奮的事。由衷敬愛您的愛因斯坦寄。附註：請不必回信，能讓我有機會寫信給您已經是非常榮幸。」

80歲的佛洛伊德（已為病魔所纏身）

最令佛洛伊德高興的是，德國大文豪托瑪斯・曼的來訪，他甚至為了佛洛伊德而在醫學心理學協會做了一場感人肺腑的演講。而且托瑪斯・曼還是瑪莎最喜歡的作家，當托瑪斯・曼成為佛洛伊德家的客人時，她欣喜若狂。曼將一九一位作家和藝術家的聯合署名的祝賀卡，於佛洛伊德生日當天親手交給他。其他私人的訪客也很多，贈送的禮物也不少，英國皇家學會也贈予他會員的地位。

佛洛伊德這一生中，所獲得的惟一學位是在克拉克大學創校二十周年紀念典禮上被贈予的法學博士的榮譽學位，除此之外，再也沒有任何一所大學贈予他榮譽學位。他所賞識的沙洛姆女士也寫信向他祝賀，這封信成為他們之間的最後一封信，因為翌年二月沙洛姆女士即去世。

倫敦的秋天

希特勒掌權不久，不詳的神祕之火燃遍整個歐洲。一九三三年五月，在柏林有關佛洛伊德的書籍及精神分析學的著作全被當成禁書燒毀；一九三六年三月，蓋世太保（納粹的祕密警察）查封了國際精神分析出版社的全部財產，接著一九三八年三月，納粹希特勒兼併奧地利，展開了猶太人的迫害運動，這把無名火終於迫在眉梢，佛洛伊德的家終於被納粹突擊隊員及蓋世太保逐一徹底搜查。

女兒安娜也被蓋世太保逮捕，佛洛伊德為了平息這股無法忍受的心情，四處走動，並且不斷地抽著雪茄，直到當晚安娜回到家，他似乎還無法平息這股激動的心情。

一九三八年六月，佛洛伊德被迫離開居住了將近八十年的維也納，據說當時美國精神分析學者支付了八千四百美金的贖款給納粹政府。他經過巴黎輾轉逃到倫敦，幫助他逃亡的是瑪莉・波拿巴特公主及厄納士特・鍾斯，當時攜帶的惟一物品是『摩西與一神教』的論文原稿。

抵達倫敦後，街道上擠滿了歡迎的人群，他知道此刻提出『摩西與一神教』這種不受歡迎的宗教論是危險的事，結果他還是做了，這點在思想篇會再提到，這篇也是最後的論文。

一九三九年九月二十三日午夜，佛洛伊德逝世於他位於倫敦市埃勒斯沃西街的住所，結束了他燦爛輝煌的一生，也由癌症帶給他的痛苦中解脫。

第二次世界大戰即將爆發前，他確信希特勒的時代終將結束，他死後，正如他所確信的，歷史審判的結果應該足以告慰他在天之靈吧！他的遺體於九月二十六日在倫敦歌爾德草地火葬場火化，骨灰則裝在他生前所喜愛的希臘古壺中，現在仍安詳地永眠在當地。

他去世隔天，日本的齊滕茂吉在朝日新聞上發表哀悼詞：「他的汎性欲論才剛開始蛻變時，他就走了，這個學說將會在文藝世界裏留下更大的足跡吧！」

日本傑出的精神分析學者大槻憲二也向安娜・佛洛伊德致送哀悼詞，她回信的內容如下：

「很遺憾的，我的父親由於生病十分痛苦，於九月二十三日去世，一直到最後他都還是非常清醒和勇敢，雖然他知道自己的病無法醫治，但仍懷著滿足去世，對於你們的關心，由衷表示謝意。」

佛洛伊德在病床上留下了他未完成的『精神分析學概要』的遺稿。

第二章、佛洛伊德的思想

佛洛伊德思想的特色

精神分析學

精神分析學這個名詞，原本有二個意思，第一是指使用佛洛伊德獨特「自由聯想法」的技術，來醫治精神上疾病的治療技術。第二個意思是指能巧妙的說明人類心理作用的優秀心理學理論或原理。

在這思想篇中，主要是將後者佛洛伊德的精神分析學，加以簡單明瞭的說明為目標。在他的生涯篇中似乎已經提到過，作為理論的精神分析學，在大約四十年激烈的研究生活中，有很大的變化和發展，他的思想也如夜空中閃爍的星星，鑲苷在許多著作和論文中，由遠處看來，形成了美麗的星座，有如神秘壯大的太空理論。

如果詳細閱讀他的每篇論文，會發現到他的思想的變化和發展十分明顯，所以要將他的理論依照時間上展開的順序來解說，是件極為困難的事。以下儘可能忠實的來敘述他思想的概要。

三個立場

大凡任何思想都是如此的，思想的成立是根據二、三個基本立場假說，佛洛伊德的思想也不例外，首先來敘述佛洛伊德的三個立場。

第一個立場是人類的精神不是質而是量，例如，心的「能」會集中在某個對象上，「快」則是興奮的量，它會儘可能保持少量或保持恆久和一定量。對他來說，「快」與「不快」只是興奮的「量」的增減問題而已，像這樣將一切的現象都由「量」的立場來掌握的態度，正是站在近代科學的立場，這就是佛洛伊德的「經濟學的觀點」。

第二個立場是認為人類的精神只有空間性，例如，將心區分為無意識世界、前意識世界及意識世界等，但實際上並不是心具有空間性，空間性只是為了了解它的功能而做這樣的思考，像這樣將心以空間圖式化來想像的想法，稱為「地形學的觀點」。

第三個立場是認為人的精神活動是相互對立的某種「力」和另一種「力」相

佛洛伊德像
（1906年佛洛伊德50歲時，維也納的支持著所贈予的紀念章）

互爭奪的結果，他談到的「心理機能」正意味這個意義。

心的裝置則是在沒有外在刺激時，本身內部的某種「力」和另一種「力」因相互競爭而能活動，像這樣的立場稱為「力學的觀點」。

佛洛伊德綜合以上三個觀點——經濟學的觀點、地形學的觀點、力學的觀點，來掌握人的心理現象，佛洛伊德將這個綜合性的心理學稱為「超心理學」。不過，可惜的是他生前並未完成這三個觀點的綜合研究，但這三個觀點對他以後的心理學還是有極大的影響。

三個假說

接下來敘述三個假說。第一個假說是所謂的「心決定論」。「心決定論」認為人的心與物理學上的自然界一樣，沒有任何偶發現象，由日常生活來看，一切心理活動皆由以往所發生過的心理事件來決定，例如，第一章提到過對平常語誤的分析，便是基於這個立場。

佛洛伊德可算是第一個將因果律應用在人的心理的人，但他的「心決定論」並非名符其實的無偶發事件存在，佛洛伊德認為前一晚演講有關「交通事故」的人，翌日在上班途中遇到車禍受傷，這兩者之間並沒有任何關連。但一個普通男子接二連三遇到好幾次交通事故，或同一個女子遇過多次騙婚，這便有問題，其中存在著心的因果律。

他的「心決定論」還有一點需要注意的，他主張一切精神現象的原因，並非以一對一的因果關係來假設的，人的心理活動是集合體質、精神發達階段和環境力量等各要素來決定的。雖然如此，最終的心理活動會由「一條水路」流出，而這「一條水路」浮現時，正是體質、精神發達階段和環境影響力最弱的時候，也就是像睡眠中作夢或說話時說錯等。因此，如果世上存在著決不會說錯或記錯，甚至不作夢的人的話，那麼，佛洛伊德的這個理論便無法成立，幸虧在我們周圍沒有這類人物。

第二個假說「無意識」的假說，正如前面所說的，只是看到有意識出現，那麼某種判斷、聯想、感動從外表看來，似乎都毫無關連，但在意識深處卻緊緊地連繫著。

然而是不是真的有不被意識到的心的世界存在著？有證據可茲證明，例如讀過南極探險記，或漂流過好幾次的船的航海日記，或第二次世界大戰時日軍在瓜達康納爾島的戰記的話，會發現到處於極度飢餓狀態的人往往會夢見吃飽飯，在這種情況下，睡眠中並沒有意識到空腹，卻會夢到吃飽飯，顯然在無意識世界中仍然有某種東西發生了作用。

還有其他的證據，例如對某人施以催眠術，並暗示他：「催眠中發生的事，什麼都不記得，由催眠中醒來後，請打開窗戶。」然後解除催眠術，會有什麼的結果？他很舒服的醒來，然後站起來走向窗戶並打開它，此時如此問他為何打開窗戶，他會回答：「想讓新鮮空氣流通」或「今天有點熱」等。重要的是，此刻他並沒有意識到自己行動的真正動機——在催眠中受到暗示，這樣的實驗顯示出無意識的精神過程，對人的思考和行動起了很大的作用。

因此，佛洛伊德認為，無意識過程正是看來似乎毫無關連的意識世界的心理活動，和以因果關係來緊緊相連，如果根據他所說的話，大部分的精神作用是發生在無意識世界，而發生在意識世界的大約只有一成。

如果了解第一個假說和第二個假說的話，自然很快就能了解第三個假說。「人的一切行動各有其動機，一定會指向某個目標。」當然，這種想法在佛洛伊德之前，就已經有很多心理學家思考過，但他們行動原因和動機過多，而且組織零散，不可能加以分析，有時甚至認為分析是沒有必要的。

佛洛伊德一舉推翻這些老一輩心理學家的論調，他主張一切的心理活動並不是零零散散的，而是浮現在一個具有目標的因果流程當中，因此，前面所提到過的「心決定論」是認為，人的心理活動並非為外界所決定的，而是由人的心靈內界的行動動機和目標來決定的。

這種想法便是佛洛伊德「目標指向性」的假說。

如果以人類行動的原因當作是一個問題，而認為現在的行動與過去的事件有關連的話，無論如何，研究人的心理都必須趨向探究行動的起源。由人的心理深處來操縱心「能」的去向，或從人誕生之日開始，到產生問題的行動之日為止，都必須追求其歷史性和發達性才行。

這個「能」究竟指向哪個目標？究竟在何處被阻塞？由何處衝破而出？將這些問題加以分析，這就是精神分析。因此，精神分析學的心理研究法不得不具備發展性和歷史性。讀者也許會指責他將人的心理視為機械般的東西，的確，這便是一種「機械論」，他將心稱之為「心理裝置」，為什麼他有這樣的想法呢？就天才的佛洛伊德來說的話，畢竟他是時代之子，具備異於常人的特殊思想，接下來看看他生長的背景。

時代之子

一般人常將佛洛伊德與哥白尼和達爾文等偉人相提並論，的確，這些人對人的看法，皆有革命性的改變，哥白尼重新提出中世紀時期早已被遺忘的古希臘畢達哥拉斯學派的太陽中心說（地動說），並奠立新的基礎。

同樣地，達爾文也將自古以來即有「進化」思想加以重新評估，並加上自己所觀察到的事實，而建立了自然淘汰理論。

佛洛伊德也不例外，在他生長的時代裏存在有幾個片面的思想，他由另一個角度來看這些思想，並將它們重新組合。

事實上，不論是哥白尼、達爾文或是佛洛伊德，他們所生長的時代，正是傳統信念即將崩潰的時代，他們的著眼處與正在蘊量的新時代思想動向不謀而合，所以，他們的思想不但已經預告出這個時代未來的變化，也促使了這些思想早日完成。雖然佛洛伊德的思想並非完全由他自己所獨創，但是，將這些自古以來已有的思想斷片，給予新的解釋，使之成為統一化的圖式，這完全是佛洛伊德努力的結果。

進化論

佛洛伊德的思想最早受到達爾文進化論的影響，達爾文的『種的起源』是在佛洛伊德三歲時出版的。達爾文預料到書一出版一定會遭到世人的抨擊，所以在出售前先贈予給學者和好友，也獲得他們的支持和關心的回信，但是書一出版，第一刷一二五〇本全部售罄，再增印的三千本也立即搶購一空，銷售的結果令達爾文非常吃驚。當然，這並非意味著達爾文的學說大受歡迎，但可以理解的是，這本書的出版正符合了時代的趨勢。同年一八五九年，卡爾·馬克斯出版『經濟學批判』，這是有關唯物史觀的最初著作。這兩本書可說是生物學、經濟學、社會學等的革命性代表作。

接下來簡單介紹達爾文的進化論。不論是哪一種生物，各個個體都有很多差異點（變異性），具有良好變異性的生物比具有不良變異性的生物，更容易生存下來。這就像自然界只選擇適合的生物生存下來一樣，這種生存下來的生物便成為下一代生物的母體，適應環境的良好特質比不適應環境的不良特質，更易遺傳給下一代。因此，生物一代代以某種份量來朝向完全適應環境的方向改變，雖然這是一段很緩慢的過程，但這也就是達爾文所謂的自然淘汰說。

而重要的是，人類也是屬於靈長動物的一種，所以，也包含在生物進化的流程當中。進化反對創造，於是進化論完全推翻了中世紀歐洲「神創造了人類」的傳統信仰，人與其他生物一樣，並沒有其他特殊之處，也都是和猴子一樣進化而來的。

進入維也納大學就讀的佛洛伊德，非常受到進化論的吸引，這使他那針對人類生物學上的研究態度，反映在他的慾望論中。

能的保存法則

第二個影響佛洛伊德的是『能的保存法則』。這個法則在第一章中已經提到過，是由德國船醫麥雅所提倡的，而由赫爾姆霍將之一般化，之後由愛因斯坦修正為「保存法則是由質量與包含能的總合所成立的，質量的保存法則與能的保存法則只是其特殊情況而已」，然而這個法則確保了在十九至二十世紀的物理學上根本法則的地位。

佛洛伊德生長的時代，正是人們為「能」這句話所迷惑的時代，只要說：「這個世界上如果有什麼變化的話，其原因就是『能』。」那麼，未知的原因就會一個接一個被當成是「能」，大家都被「能」所蘊量出來的不可思議的力量所迷惑，佛洛伊德也是如此。

他對有關人的心理的想法配合上「能」，企圖以「能」的概念來解釋人各式各樣的心理現象。

「心的能」一詞是由佛洛伊德的得意門生容格在他自己的『早發性痴呆症的心理』一書中，首次使用到，佛洛伊德在這之前便將啟動人心，並使之付諸行動的「能」稱之為「欲望」，「欲望」在量方面可以像測定電流一樣用來測定，在質方面也可像光熱一樣變化無窮。

由此可知，佛洛伊德的思想深受「能論」的影響，他初期的心理學，特別是欲望論更是如此。為什麼他不直接將「欲望」稱之為「心的能」呢？佛洛伊德如果這樣做的話，那他獨特的理論——「性」便失去原義了。而過分抽象的哲學，也像受到「能論」的影響一樣，遍及他理論的各個角落。在他和布洛伊爾共同研究時，他曾說過：「歇斯底里就是感動的能未『能』被解放，而尚遺留在體內所造成的。」這便是很好的例子。

像這樣，受到物理學強烈影響的心理學，實際上是十九世紀以後心理學的一大特色。例如，物理學者赫爾姆霍認為，人的知覺正是生理和心理的代表性接觸點，他從物理學的立場來加以研究，而留下今日能經得起科學驗證的成就。

費涅同時也為十九世紀的心理學導入物理學測定的精神，他於佛洛伊德搬到維也納的第二年出版了劃時代的『精神物理學大要』，書中將精神現象以物理學的實驗方式來加以實驗測定，提倡有名的費涅法則「感覺的強度與刺激的強度，其對數成比例」。

在佛洛伊德的那個時代，已經確立精神現象可以科學的方法來研究，量方面也能加以測定出的信念，這點使佛洛伊德倍感安慰。

赫爾巴特心理學

第三個要列舉的是赫爾巴特心理學的影響。佛洛伊德本身究竟直接學習了多少赫爾巴特心理學？這雖然不太清楚，但是，赫爾巴特心理學是當時維也納大學哲學、心理學的學術之風，佛洛伊德多少也受其影響，因此，佛洛伊德思想的各角落都散佈著赫爾巴特心理學的色彩。

赫爾巴特認為人無法了解「心」本身的絕對性質；佛洛伊德也認為人終究無法達到心的本質。赫爾巴特認為，人的心理生活在心的功能遭受妨害時才會意識到，在意識世界中的各種意識內容（稱為表象）相互妨害，相互壓抑；佛洛伊德也主張，在人的心中各種想法相互作用，相互妨害和相互壓抑。

赫爾巴特認為，表象有時沉澱在意識下，但並非完全消失，只是以潛在「思考」或「欲望」的方式存在著；佛洛伊德也為了區別意識和意識下（無意識），而展開了壓抑理論。

除此之外，赫爾巴特希望將心理學建立在自然科學的法則性上，佛洛伊德也如此認為。這種例子不勝枚舉，由此可見，佛洛伊德確實受到赫爾巴特心理學的重大影響。

以上是以佛洛伊德生長時代的學風，由各角度來敘述，當然並非佛洛伊德的全部思想都由當中自然形成的，其中仍然包含著佛洛伊德傑出的天份。如果要了解十九世紀～二十世紀的思想史的話，只要詳細了解馬克斯和佛洛伊德的思想就可以了。

宿命論的影子

在本節結束之前，再為佛洛伊德的人類觀作若干的敘述。

他的人類觀與稍前的霍布斯和達爾文大致相同，他認為人的社會是集合以各種形式孤立個人所形成的，每個人為了保護自己，會互相排擠，有時候看起來像是團結在一起，這時通常是因為碰上某些狀況，為了保衛自己不得不團結起來。

人就像是構成社會的原子，隱藏著原始性的頑固敵意，因此，在為了保護自己或被鼓動的憎惡之心改變敵意的方向時，潛藏的敵意就會被隱藏起來，因此，想以愛來結合眾人幾乎是不可能的事。

人的肉體受制於遺傳，人類行動的原因也是基於生物學上的原理，因此，人類的煩惱是源自於本身的，而不是受外界的社會性條件或物質條件影響的結果，甚至於文明也都是由於生物上、心理上的「能」，以各種的理由被阻礙，而轉向象徵性方向的結果所產生的。

佛洛伊德這種具有宿命論色彩的理論，受到一些人強烈的指責，他們認為：「人生而平等、自由，具有無限的可能性，而人類的本性是善良的，人類煩惱的原因並非源自於個人，而是由社會、環境的各種因素所造成的。」

欲動——震撼人類之物

欲動的能

佛洛伊德的思想與生物學的原理緊密相結合，這在前面已經提到過，但是他的理論與生物學相連接的地方，究竟是在哪裏呢？

第一點是，將震撼人心的「能」求之於人類。人類是複雜的「能」的體系，「能」是由食物中所攝取的，來支撐人類肉體上的活動與精神上的活動。更重要的是，這個「能」與物理學上的「能」是同一種東西。

佛洛伊德提到精神上的「能」時，並不意味著它是「支配生命現象、獨特的、神祕的活力」，而是與物理學上的「能」一樣，是「工作的能」，不同的是，它是指思想、記憶、知覺等精神上的工作。它與人類生物上、身體上的需求緊密相結合。與生物上、身體上的需求相結合的「能」遺留在體內的話，心理就會產生興奮和緊張的現象，如此一來，人類便會思考如何從緊張中舒緩過來，最後從事那一種方法，以求解除內心的緊張。

解除緊張與弛緩精神對人類而言，都是件令人感到舒服的事，因此，甚至有人為了使舒服的感覺更加深刻，於是在弛緩精神之前，特定提高緊張的情緒。

「心能」常常能使人的心理達到弛緩的狀態與靜止的狀態，但這些都只是保守性的看法。人的精神生活是在興奮與沉靜中不斷地反覆循環著，佛洛伊德稱之為「反覆強迫性」。

「反覆強迫性」的實例在日常生活中處處可見，例如，清醒的時候與睡眠的時候有規則的反覆著，一天三餐的習慣，這些都是以「強迫性」的力量，來強迫人類不斷「反覆」從事同樣的事。

至於我們談到的「能」，是無法由身體內部流出來，它是純粹的「心能」，主要是附著於心中的心理表象，佛洛伊德認為各式各樣的「能」附著於各式各樣的心理表象，而產生出各式各樣程度的行動。例如，極度飢餓的人的「心能」，大量附著於有關食物的事情上，而沒有時間去思考其他的事；陷入熱戀時，情形也是一樣。

生的欲動和死的欲動

欲動也可以稱之為本能或衝動。總而言之，欲動源自於生物上、身體上的需求，其性格是保守的。有關佛洛伊德欲動的理論在第一章中已經提到過，大體上分為三個階段變化。

最初的階段是，將性欲動與自我生存的欲動加以區別，並將兩者由對立的角度來思考，不久佛洛伊德便捨棄了自我生存欲動的概念。一提到長期欲動時，他想到性的欲動，這是將自戀與對象愛由對立的角度來思考。從第一次世界大戰前後開始，隨著對戰爭神經官能症、虐待狂（註三）、被虐待狂（註四）的研究，再度修改其中部分的理論，他認為人的欲動包含了生的欲動和死的欲動（攻擊性

（註三）　虐待狂：一般稱之為性變態，對性伴侶，主要是異性的性伴侶加以虐待，藉以提高性興奮，從而獲得性滿足。在精神分析學上，採用其較廣泛的意思，指一切的攻擊欲動、破壞欲動皆表現在外，而將愛的感情隱藏在內的狀態。

（註四）　被虐待狂：與虐待狂相反，狹義是指藉由自己本身所受到肉體上、精神上的痛苦，來提高性興奮，達到性滿足的目的。而在精神分析學上，採用其廣義的意思，指以被動性的態度獲得滿足的傾向。

正在執筆的佛洛伊德

欲動），要為這兩個欲動下簡明的定義是很困難的。

「生的欲動」即「性的欲動」，也叫「埃洛斯」（Eros），佛洛伊德特別將激起「性的欲動」原動力的「心能」命名為「性動力」（libido）。相對的，「死的欲動」（攻擊性欲動或破壞的欲動）是「破壞事物的統一，使有生命體致死的本能」，「死的欲動」與「埃洛斯」互相對立，其攻擊的本能也是針對自己。

前面已經提到過，這個欲動是在他六十四歲時被提來的，所以，他沒有談論太多，因此對激起「死的動」原動力的「心的能」也未加以命名。

在人類的正常行為與異常行動當中，這兩個欲動並不一定都是以同等份量共存。例如，愛的行為當中，一定包含著某種在無意識中滿足攻擊欲動的要素，母親緊緊抱著自己的孩子，輕輕地加以愛撫，由於感到孩子實在太可愛了，所以，將臉頰貼近孩子的臉龐，這便是一個好例子。因此，佛洛伊德所假定的這兩個欲動的任何一方，皆無法以純粹的形式在人類的行為當中加以觀察。

這兩種相互對立的欲動共存的想法，與生物學上的同化和異化的概念非常類似，佛洛伊德傾向於生物主義，這正好導致人們對他的思想的誤解和指責，到現在為止，不承認「死的欲動」的心理學家仍然有很多。

性欲（libido）

佛洛伊德對挑起性本能的「心的能」（libido）作了以下的敘述。

用來表示食欲的詞句有很多，但是，可以適當用來表示性欲或性愛的言詞卻沒有，因此，他決定採用新詞libido來表示性欲和性愛。libido在廣義上是代表被使用性愛的「能」，也常常被使用來代表「心的能」。libido被認為是能夠在量方面有所變化，及趨向於種種心的表象並加以測定的「能」。

根據佛洛伊德的說法，libido在人出生的時候就已經存在著，而且也已經開始活動。他所主張的「人類性愛的『能』自幼兒期起，便已經開始活動了」的幼兒性欲論，則是他這個理論的一個特徵，也是他被強烈指責的來源。

幼兒性欲論

當聽到天真無邪的幼兒也有性欲時，想必各位讀者也會感到非常驚訝吧！更何況是在佛洛伊德生長的那個時代，當時這個想法完全無法被接受，佛洛伊德本身也遭受到各方非常嚴厲的指責。

雖然如此，佛洛伊德還是全力主張自己的想法，隨著他所累積的病例研究，愈來愈發現到有必要研究病患年輕時代的經驗，這點在生涯篇已稍微提到過，結果也促使他對幼兒期加以進一步的研究。

根據他的說法，幼兒期的印象很容易被遺忘掉，但這些印象對個體未來的發展留下不可抹滅的痕跡，這將成為往後造成神經病症的遠因。

我們暫且來聽聽他所說的話。

「一般人都認為性衝動不會存在於幼兒期，它只有在青春期的時候才會突然冒出來，這不但是個輕而易舉便能明白的錯誤，也是個相當大的誤解。性機能自一出生便存在著，只是因為它依存在性愛以外的機能當中，而不容易被看出來罷了，例如『吸吮』這個動作便是表現幼兒性欲的典型，而這種吸吮的動作，有些人會持續到成人為止，其本質是嘴唇反覆有節奏的吸吮接觸，這個時候縱使是剛吃飽也會吸吮或含著東西，嘴裏所含的東西往往是嘴唇所能到達的對象，除了自己的手指外，有時也會吸吮自己的腳趾。這種行為的原因，是因為嘴唇等的皮膚或黏膜受到刺激便會獲得一定的快感，幼兒為了獲得這種快感而反覆不停地吸吮東西。」

根據佛洛伊德的說法，吸吮這個動作本身也是一種性行為，現在舉出一位少女的現身說法：「……無論什麼方式的接吻，都無法與嘴裏含著東西吸吮時所獲得的快感相比，那種由吸吮所獲得的快感，是無法言喻的，只能感覺到像是飄離這個世界般，感到無比的滿足，以及從未有過的幸福感，那是一種非常美妙的感覺，既不會受到干擾，也不會感受到痛苦，一切都是那樣地安詳，似乎是到了另外一個世界……。」

幼兒性欲論引起了社會一般人強烈的否定和憤怒，但是，為什麼佛洛伊德又偏偏執著於這個理論呢？

他曾經有過以下的經驗，在一八九七年寫給好友的信中，做了以下的告白：

在佛洛伊德三歲時，全家由佛萊堡搬到維也納，他和母親兩人搭乘在坐臥兩用火車中被隔開的寢室內，當他看到母親的裸體時，感到很興奮，他的「性衝動」（libido）在這一刻首次覺醒過來，火車夜行所發出來的可怕聲音及看到母親裸體的驚訝，給了他深刻的印象，他對幼兒性欲論的確信和執著，與這個體驗不無關係吧！

也許各位讀者會認為他很早熟，但是，天才不都是很早熟的嗎？

嘴唇到肛門、肛門到性器官

性愛的性衝動並不是一直停留在以嘴唇來尋求快感的階段，經過其中的迂迴曲折後，最後發展到以成熟的性器官來追求快感的階段，佛洛伊德將這個過程分為四個發展階段，但是，實際上並不能很明確的區別各個階段，一個階段與另外一個階段混淆在一起，並且相互重疊，由這個階段轉移到下一個階段的經過是循序漸進的，為了容易理解起見，將各個階段分別加以敘述。

第一階段——是從出生到一歲半左右，這個階段主要是經由嘴唇來獲得快感的。在這個階段的嬰幼兒，無論是吸、舔、咬等動作都能使他們獲得快樂，讀者也許會想起前面剛提過，有關「吸吮」的那一段吧！由於這一個階段的嬰幼兒有吸引母親乳房的習慣，甚至最近也有以特殊技術拍攝到，在母親子宮內的胎兒吸引指頭的照片出現，所以，這個時期稱為口唇性愛期。

第二個階段——從一歲半到三歲左右，在這個時期，與口唇相連的消化器官的另一端——肛門，會帶來性的緊張和滿足，而發展成這個階段最重要的部分。這個時期的幼兒對排便和排泄物有很大的興趣，他們喜歡排泄糞便時所獲得的快感，因此幼兒將糞便、尿液憋著保留在體內，來造成肛門、尿道附近黏膜的緊張和興奮，然後再享受將這些糞便和尿液排出體外時所獲得的快感，因此，這個時期被稱之為肛門性愛期。

佛洛伊德的這個想法，也許令各位感到驚訝，但這是人類正常發展的情形，環視我們的周圍，可以發現到很多正處於對排便和糞尿感到非常好奇的年齡的兒童。佛洛伊德認為，過分地表露強烈肛門性愛是成年神經質的前兆。

第三個階段——是從三歲結束後開始出現，這時期男性的性器官扮演著主要的角色。男童不但會玩弄或展現出自己的性器官，也會窺視其他男童的性器官。女童對男童的性器官也極表好奇，會認為自己為何沒有男童的性器官呢？是不是被別人拿走了呢？女童對男童的性器官感到好奇，這聽起來也許很奇妙，但如果看過在扮家家酒中，互相扮演醫生而觀看彼此的性器官的話，應該能夠充分接受吧！

男童喜歡觀看或觸摸自己的性器官，或是在幼稚園裏掀老師的裙子，但是，他們只是想看看或摸摸性器官罷了，這跟成人對性的關心是不同性質的。這個階段稱之為男根期，在這個時期只有「想看的欲望」和「想被看的欲望」而已。

伊底帕斯情結（戀母情結）

佛洛伊德認為，男根期的男童從對性器官和快感產生關心開始，在他們潛意識當中會逐漸對身邊最親近的母親產生愛戀，而且這種感覺會愈來愈強烈。相反地，在他們的潛意識當中對父親的關心會逐漸淡薄，有時甚至會感到厭惡，但另一方面卻又敬畏著父親的各種權力。有時在日常生活當中也會對母親感到失望，這個時期男童的心情可說是既複雜又矛盾，佛洛伊德將這種複雜的心情命名為「

伊底帕斯情結」（戀母情結）。

伊底帕斯是希臘神話中泰貝國的國王，在這個神話裏的伊底帕斯王，在不知情的情況下殺死父親，而和母親結婚，後來知道事情的真相後，為了彌補自己違反人倫，遂挖出雙眼而浪跡各國，著名的希臘悲劇詩人沙孚克里斯將這個傳說戲劇化，寫成了『伊底帕斯王』，這部戲曲被認為是希臘悲劇的典型和世界文學史上的一大傑作之一。

佛洛伊德也認為這部戲曲展現的作風，和精神分析的治療過程相類似，故大大地加以讚賞。他認為男童對雙親所抱持的複雜心理和態度，由戲曲中的主角對雙親的行為便可以看得出來，因而將之命名為「伊底帕斯情結」。

女童也有同樣的情結，她們對異性的父親產生愛戀之情，而對同樣是女性的母親產生失望和抱著敵意，根據佛洛伊德的說法，這種情況的本質是對擁有自己所沒有的器官（男性性器官）的父親產生憧憬（對男性陽具的羨慕）。

如果將女童的情況與男童的情況相比較的話，同樣也是以希臘神話的伊底帕斯情結來稱呼。

男童有了伊底帕斯情結後，在潛意識當中會對父親是不是會以閹割掉性器官來作為懲罰這件事產生不安（稱為閹割不安），女童有了伊底帕斯情結後，會對男性的陽具產生羨慕，將以上兩種情況總結，皆稱為「閹割不安」。

總之，男根期所產生的種種情結大約在五歲左右會到達最高峰，隨著身心的成熟、知識的增進和發展，這種現象會逐漸減弱，而對於追求短暫的快感，則會進入潛藏期，此時兒童便不會再追求性的快感，他們滿腦子想的都是其他的事。

由潛在期到對異性之愛

口唇性愛期、肛門性愛期、男根期這三個階段合稱為前性器期。在這個時期中最顯著的特色是，追求由本身刺激身體來獲得快感的傾向，這可以說是自戀的傾向，若由性欲論的觀點來看，性欲可說是與生殖無直接關係，而在這個範圍之內，將注意力集中在身體某個特定的部位。

緊接著這個時期來臨的是性的潛在期，而潛在期的來臨是何時開始、何時結果、皆因人而異，不能很明顯的加以區別出來，但是，這個時期是兒童逐漸明白事理的時期，也是性欲被壓抑住的時期。

因為這個時期的「能」會昇華為精神上、文化上的活動力，所以，這個時期正是對兒童教育極為重要的時期，我們有必要讓兒童在性的潛在期中受到充分的教育，而且必須注意到的是，不能對他們加以無意義的性挑撥。今日社會的情形又如何呢？大街小巷都充斥著無意義性挑撥的刺激。

進入潛在期會暫時放棄追求一時的快感，不久便進入青春期，出現第二次的性特徵，隨著生殖器官的成熟，追求快感的性欲活動也會再度表面化，這種情形會一直持續到進入成人的性的階段，這個階段稱為性器期。

此階段，性欲完全是隨著生物性的本來目標——生殖來進行，對整個人生而言，這個時期是最長久的，而一直到死亡才會結束。

人類在這個時期可以感受到正常成人性的快感，這已經不是自戀了，而是對異性之愛。像這樣中間隔著二期才使性獲得解放，佛洛伊德將之稱為「性的二期開花」。

各個發展階段的性愛都被包含在最後一個階段的部分欲動當中，而產生正常性行為的前驅快感。例如，接吻是口唇性愛期的性愛成為最後階段性愛中的部分欲動，因而產生前驅快感的最好例證。

性格的類型

性欲如果能順著各階段發展，那麼，就沒有什麼問題，但實際上的發展並不會如此順暢，很多情況皆顯示出，有固著於某些發展階段的傾向，依照這個傾向可歸納出各種類型的性格。現在根據性欲論而歸納出幾種人類性格的類型，簡單敘述如下：

(1)口唇愛性格：

這是有固著於口唇性愛期傾向的性格。由於口唇受到刺激所產生的興奮是成為獲得性快感的一個要素。這是一種被動、包容的性格，對人有強烈的依賴感，也耐不住孤獨，而且很容易受到挫折的影響。如果有固著於口唇性愛期後期的傾向時，加上虐待狂傾向，很容易突顯出其野心和羨慕心。

(2)肛門愛性格：

由糞便及排泄物對肛門黏膜的刺激所產生的興奮，成為獲得性快感的要素之一，其定著殘留下來時，會產生肛門愛性格，這種性格的特徵是喜歡有秩序、節儉、任性等，佛洛伊德在「性格與肛門性感」中曾經敘述如下：「喜歡有秩序、有規矩、有責任感、喜愛乾淨，但節約過度則變成貪小便宜，任性則容易變成剛愎自用……。」

(3)尿道愛性格：

原本尿道愛包含在肛門愛裏，佛洛伊德對此種性格不太常提起，只在「性格與肛門性感」中敘述過：「……據我所知，曾經對尿道快感敏感的人，後來都變成有名利欲望的人……。」這句話正顯示出有強烈尿道愛性格的人，喜歡自我表現和自我誇耀，如果說肛門愛性格是女性化的性格的話，那麼，尿道愛性格便是極男性化的性格。

(4)男根愛性格：

有固著於男根期傾向的性格，這種性格具有驕傲、支配欲及攻擊性等。

(5)性器愛性格：

此性格是最成熟的人格，這種類型的人不僅會追求快樂，也會在經過仔細考慮之後，再採取行動。這類型的人不但親切，而且感情還很豐富。

對於佛洛伊德所說的性欲和性愛，我們不應該以好奇的眼光或煽情的心理來看待，他是站在研究科學及做學問的立場來使用這些名詞的。

死的欲動

死的欲動（攻擊性欲動）的表露過程也和性欲動一樣，是由口唇到肛門，再由肛門到性器官逐漸轉移下去的，例如，嬰幼兒以咬的動作來表現攻擊性欲動，稍長的幼兒則是以弄髒東西的方法來表現。

也就是說，口唇和肛門不僅是性欲動的發洩口，也是攻擊性欲動的發洩口，但攻擊性欲動和性欲動一樣，與身體各部位的關係並不十分明確，例如，戰爭則是攻擊性欲動被大規模發揮的例子。

正如前面所敘述的，佛洛伊德對於死的欲動並沒有談論太多。

心理裝置——性格

三個層次

佛洛伊德在他一九〇〇年出版的『夢的解析』一書出現他最初所構想的心理裝置的模型。當時他認為心的構造就像是望遠鏡或顯微鏡一般的系統，由幾片鏡片組合而成的光學機器，人的心也是由數個心理機能組合而成的，其中有些部分是負責反應感覺性的刺激，有些部分則是負責儲存記憶的。由此已經可以看出佛洛伊德試圖以動態和機能性的方式，來掌握人的心理組織的態度。

十多年之後，佛洛伊德對自己原本所構想的心理裝置模型加以修改，這次他將精神上的機能系統分為無意識、前意識、意識等三個部分來思考。

其中無意識的部分是指經過了注意和努力，卻仍然無法意識到的部分；前意識的部分是指瞬間沒有意識到，但經過了注意和努力後就能意識到的部分；意識的部分是指能意識到的部分。

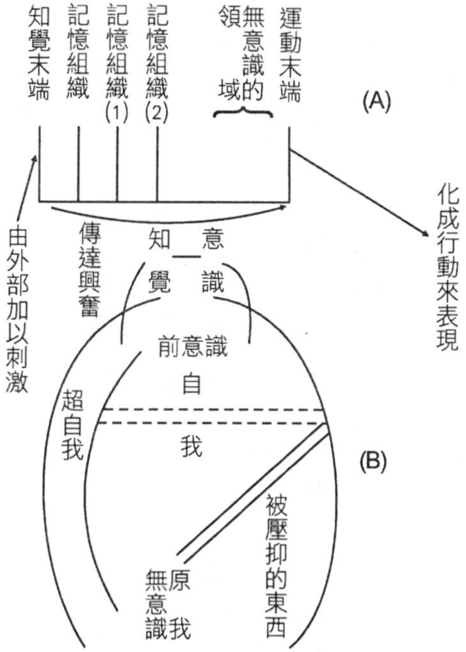

(A)『在夢的解析』中所描繪的心理機械圖（一九〇〇年左右的構想）

(B)在『續精神分析學序論講義』中所描繪的心理裝置圖（一九三三年前後的構想）

佛洛伊德所構想的心理裝置模型

來看一看這樣的構想，只靠是否有意識來區分精神機能，這似乎不是動態的構想，但實際上並非如此，在各部分內部，還有各部分之間的相互關係上，都有展開動態的構想，關於這點，下一章再予以詳細敘述。

第三個構想是出現在一九二三年，這個新的模式被稱為構想性假說。根據這個假說，由機能性的角度來看心理裝置的話，心理裝置是由三個層次所構成的，各個層次分別命名為原我、自我和超自我。

雖然分為這三個層次，但是，絕對沒有解剖學上的意義。如果將心的功能和內容，彼此十分類似和相關連的地方集結起來加以分類的話，便可分成這三層意思，人的心理過程在各個層次之間被阻礙、扭曲而流動著。

原我（id）

id為拉丁語，相當於英語的it之意，據說這個名詞是佛洛伊德沿用克洛狄克醫生所著的『原我之書』中的一個名詞。

原我本來是指無意識的東西，但是，佛洛伊德所說的原我也包括了人類心理無意識的部分。原我是「心能」的來源和貯藏庫，也是各種欲動存在之處。

在生物學和遺傳學上，原我是遺傳自父母親的，因此剛出生嬰兒的心理是由原我所構成的。由於原我是得自遺傳的，所以，肉體器官的機能所引發的種種欲動都匯集於此。

因此，像這種心理層次的原我會影響幼兒一生的性格，那是一種缺乏忍受緊張及欲望的能力，是衝動的、不合理的、非社會的和利己的性格。如果欲望無法獲得滿足，或是無法獲得快感的話，原我會立刻刺激心理裝置的其他各層次，使之趨於空想和幻想，甚至做夢，藉此來獲得無法獲得的暫時滿足，這就是原我的功能。

對原我來說，在無法滿足欲望的情況下提高緊張情緒是非常不愉快的事，相反的由緊張情緒中解放出來才是愉快的。因此，原我惟一的機能是將受到內外刺激而產生的大量「心能」（緊張、興奮），立刻予以發散，其發散的方式顯然是遵從追求快樂、避免痛苦的快感原則來進行的，所以，快感原則是人類基本的、原始的生活原理，如果讀者環視四周圍的人，很容易發現到，他們為了排除來自內外的阻礙，想盡辦法來努力獲得快樂，一旦無法達成這個目標時，他們就會將要求降低在水準之下，以獲得滿足。

原我的「能」常以二種方式被發散出來，一種是反射運動，也就是原我的「能」自動發散出來，而成為運動肌肉的活動；另一種方式是能實際滿足原我欲動的行動，或是將原我欲動的目標對象浮現出來，然後再加以發散的形式。

所謂的反射動作是屬於前者，而空想或夢則是屬於後者。在這個時候，並不是靠著實際行動來獲得滿足，而是靠著空想或做夢來達到發散「能」的目的，而暫時獲得原我的滿足，這是因為原我的機能是原始的，並缺乏明確區分空想和現實的能力的緣故。

原我的欲動「能」如果遭到自我和超自我妨礙，就會產生說錯、看錯、記錯等的現象，故解開日常生活精神病理的關鍵也就在此。

不如意的社會

在這個社會上如果一切欲動都能很容易的獲得滿足，那麼，這個社會將沒有什麼問題，心理裝置只需要有足夠的原我就可以了，不需再有更進一步的裝置。然而現實的社會並非如此，例如，剛出生的嬰兒由於肚子餓而哭叫不停，但也不能因此而獲得滿足，必須有人在旁邊餵食他牛奶才行，不過要隨時隨地有人在旁邊立即滿足嬰兒的欲動，那是不太可能的。

像這樣人一出生在這個世界上，便遭遇到欲動「能」無法獲得發散的情況，也正因為這個體驗，才能發達及分化出更新、更高層次的精神機能。也就是說，不如意的社會促進了心理裝置的發達及分化。

一旦嬰兒的欲動遭到拒絕，而再經由某人之手來滿足，其所得到的快感是很特別的。當嬰兒看到奶瓶時，會抓抓它、摸摸它，並以滿足的心理將它深深地刻劃在記憶中，不斷地重複累積這類經驗的嬰兒，當他肚子餓時，他高昂的緊張情緒便會喚起與食物有關連的記憶表象，因而獲得短暫的滿足。

當一位少女夢想會見情人時，只要想到他的身影，便會不知不覺地微笑，因而解除了等待時的緊張情緒，這也是同樣的道理。

本來這個機能是不存在於原我當中的，它是一個新產生出來的機能。佛洛伊德認為這個是從出生六個月到八個月開始分化的，到了二歲至三歲時已經發達到相當的程度。

換言之，幼兒是從那段時間開始關心有可能滿足自己欲動的世界，以及環繞在自己身旁的環境，佛洛伊德將這個機能稱為第一次過程。第一次過程以某種意義與知覺過程相連結，雖尚未十分成熟，但自我的機能已經開始萌芽了。

自我

至於想起食物只能暫時應付欲動，但絕不能滿足欲求本身，不但如此，只是空想，反而會使情緒更加緊張，於是原我必須確實地尋找出滿足欲動的目的物，或製造出新的機能並加以分化形成，這個新分化出來的機能應具有合乎現實、滿足原我欲動的機能才是（稱為遵從現實原則），這就是自我。

自我就是合乎現實的精神機能，也是在發現或創造出滿足原我欲動現實的對象之前，能夠使原我「能」延後發散的機能。例如，餓著肚子回來的小孩子必須學會等到食物完全準備完畢之後才行，而在等待的這段時間，他必須忍受緊張，這期間的緊張則會促進他們知覺、記憶、思考等精神機能的發達和完成。

在這樣的體驗當中，感覺器官、知覺機能、記憶、語言、思考等機能，還有運動機能都格外發達，佛洛伊德將這個新的機能稱為第二次過程。

第一次過程和第二次過程在根本上的不同是，前者無法區別空想和現實，而後者能夠清楚地加以區別，例如，前面所列舉過夢想會見情人的少女，因為知道自己是以「空想」的方法來獲得滿足，所以是屬於第二次過程。

但是，第一次過程和第二次過程的原理是相同的，若要說出兩個過程相異之處的話，那就是第一次過程在生物學上是屬於未成熟和未分化的過程，相對地，第二個過程是合乎人性分化而成熟的過程。

促進自我機能，也就是運動、知覺、記憶、思考等機能發達的重要因素有下面兩種，一種是肉體上的成長，特別是中樞神經組織的成長，亦即所謂的成熟。而另一種是出生之後所受到的各種累積的經驗，其中佛洛伊德較重視而且特別感到關心的是經驗性的重要因素。

但是，這兩個重要因素充分作用，而使自我充分發達，這並非是原我的快感原則被壓抑性的緣故，而只是「滿足被延後」罷了。因此，自我可說是介於人與環境間媒介的一種精神機能。

自我的發達

關於自我的發達，最初最重要的體驗是對自己本身身體的經驗。對剛出生的嬰兒來說，身體往往是滿足原我欲動的對象，同時也是痛苦和不愉快的來源。例如，幼兒吸吮手指的動作經常能按照自己所喜歡的份量來滿足原我欲動，同時也能由身體中感覺出不滿與不快。

如果外來的刺激引起了不快與痛苦，也能有逃避的方法，但是，來自身體中的痛苦和不快則無法逃避。因此，對幼兒來說，自己的身體是產生欲動的來源，也是感受到痛苦的來源，同時又是滿足欲望的對象，所以對幼兒來說，自己的身體具有特別重要的意義。佛洛伊德對這個事實說道：「說到自我，首先是指身體上的自我。」

但如果原我的欲動能，也就是libido以自己的身體為對象的話，終究是無法獲得滿足的，於是libido便逐漸傾向於身體以外的對象。但對幼兒來說，剛開始不會將母親當成是一個整體性的對象，最先只是將母親的乳房視為向自己微笑的臉和哄自己的嘴，也就是只以部分為對象，而且是斷斷續續的表示短暫的關心而已，此時的自我機能尚處在極未成熟和未分化的階段。

大約是從一歲半開始，這種片斷性的對象關係，才會改變為持續性的對象關係，此時母親已成為一個完整的對象，而且不是短暫的，而是持續性的對象，這個時候對象關係的第一個特徵是，對同一個對象同時具備類似快樂與憤怒、喜愛與厭惡等相反的感情，這個傾向被稱為兩極性，兩極性也成為人類一生中在心理維持某種程度的感情的傾向。

一般在二歲到五歲期間，這種傾向的程度最高，之後慢慢減少。到了青年期及成年期時，會變得更少，但是，這種減少是兩極性的其中一方呈現在表面上，而另一方則會隱藏在背後，實質上並未真正的減少。

隱藏的一方原則上是留置在無意識的世界當中，在無意識世界裏隱藏著深深地憎惡，另一方則在意識的世界裏呈現著強烈的喜愛，這種人際關係以往常被作為文學的主題。

那麼，幼兒持續性和特別關心的對象究竟是什麼呢？首先是在身邊滿足自己欲動的成人，尤其是父母親。在對父母親表示持續性的關心時，會在無意識中不知不覺模仿父母親的態度和習性，這可以說是接納雙親的態度和習性，並且與之同一化的過程，例如，幼兒向對自己微笑的母親學習微笑，向對自己說話的母親學習語言，就是這個緣故。

佛洛伊德認為這樣的過程是極為重要的過程，新分化的自我便以此而使得內容更豐富，新的自我機能也更加成熟。而這種接納的原型，則是幼兒由嘴巴來接納食物的行動。

幼兒到了二歲半到三歲半時，自我的各項機能會加速發達，知覺、記憶、思考等機能也發展的相當順利，在這個時期自我也累積了相當的經驗，各項機能也能統合發生作用，對象關係已經是明顯地非部分對象。

例如，流出香濃乳汁的乳房、微笑的笑容、責罵時拍打手的聲音等，都不會被認為是其他的東西，而是同一的東西。滿足自己欲動的「好」母親與拒絕自己的「壞」母親，都被認定是同一個對象。這時期幼兒最重要的自我經驗是佛洛伊德所說的伊底帕斯情結，也就是戀母情結。

超自我的形成

伊底帕斯情結對心理裝置的發達有很重要的影響，那是因為某體驗會形成超自我的緣故。佛洛伊德認為伴隨著伊底帕斯情結的感情，比人類一生中所經歷過的任何感情更為強大，它會在兒童的精神中產生強烈糾纏不清的情感。

例如，男童懷有獨佔母親的欲望時，同時也會抱持著害怕父親為了報復而閹割自己性器的恐怖心理（閹割恐怖），女童因為沒有陽器，而懷疑是不是被拿走了？這更鼓起她們的恐怖心理。

如果獨佔母親的欲望遭到母親的拒絕時，則會抱著十分複雜的感情，再加上滿足伊底帕斯欲動的感情，與想要獲得雙親喜愛和讚賞的原本感情互相矛盾，因此，男童只得放棄伊底帕斯情結的某些部分，並壓抑某些部分或將其隱藏在無意識的深層裏。女童因為一開始就沒有陽器，所以沒有閹割恐怖，但當女童發現到這個情況時，會產生自卑感、羞恥心和嫉妒心（陽器羨慕），最後甚至會懷恨自己的母親，於是女兒會將父親當作是喜愛的對象，這當然也會遭到父親的拒絕，所以，也不得不放棄伊底帕斯欲動的某些部分，或將之壓抑住。

以上的敘述極具象徵性，也許你會稍微感到異樣也說不定，但佛洛伊德分析他那些為數不少的病患，而確信了伊底帕斯情結的重要性。現在的心理學家很少有人否定人類的內心深處隱藏著伊底帕斯情結。

在有關伊底帕斯情結的心理裝置當中，最重要的一點是親自放棄伊底帕斯情結，並加以壓抑。兒童被壓抑和禁止的欲動，很早就以讓雙親責罵來引起注意的形式表現出來，但是，這種壓抑和禁止是兒童受到外來的力量所形成的，而伊底帕斯情結的壓抑是來自於自己本身內部的要求而形成的，這是心理裝置內部的一股壓力。這種「禁止」、「壓抑」的「內在化」過程便是超自我的形成過程，這個過程在九～十歲以後會慢慢趨向安定和持久，到了成年期以後，這個過程又會做某種程度的修正。

兒童壓抑了伊底帕斯欲動，對雙親的憎恨和喜愛在內心交替著，他們期待能與雙親的道德面同一化，因此，超自我可說是「在伊底帕斯期中，雙親的道德面在兒童的心理裝置中被內在化」。

佛洛伊德認為這種超自我的形式過程有以下二點重要的地方。

第一點是，兒童由雙親那裏體驗到的禁止，大部分是經由語言而以命令或責備的方式來進行的，因此，超自我與聽覺記憶和語言記憶有很密切的關係，引用佛洛伊德的敘述：「……刺激超自我形成的原因是，雙親經由聲音的批判、隨著時間的經過，再加上老師和朋友等的批判……。」我們常說的「良心之聲」正好可以象徵這一點。佛洛伊德認為在重度精神病患當中，超自我的機能就像孩提時代遭父母責罵時一樣發生作用。

超自我的形成過程當中，第二點重要的是，接納雙親的印象與大部分雙親的超自我的印象一致。一般來說，很多雙親在培育子女時，會以自己孩提時代父母親培育自己的方式來教導自己的子女，這一點具有重要的社會影響力，換言之，這就是使一個社會的道德規範持久的原因，同時也是社會規範對社會變化的發展緩慢，採取抵抗和保守方式的原因。

超自我的角色

一旦超自我形成，在心理裝置中究竟是擔任什麼樣的角色呢？簡單來說，是扮演道德上審判的角色。超自我是理想事物的代表，像這種超自我的機能可以由兩方面來思考。

其一是雙親對兒童有合乎自己道德標準的行為時，加以褒獎，這在兒童心中形成了道德上善的觀念，根據這個觀念，兒童了解了「什麼是善」，另一方面是道德上惡的觀念，這是兒童累積父母責罵、處罰的經驗所形成的一面，第一面稱為「理想自我」，第二面稱為「良心」，二者是同一個道德意識的表裏，將二者合起來，便是超自我的主要機能。

這個機能正如前面所述，是由接納父母，並與之同一化的結果所產生的，但此刻被接納、被同一化的雙親，並非現實中的雙親，而是被理想化的雙親。

超自我的機能由其形成的過程來說，顯然與幼兒時代的精神生活有著密切的關連。超自我的機能是在成人的精神生活中，一般是指在無意識中進行的，如果將無意識的功能加以分析，有下面幾個主要的特徵。

第一、不僅對原我，連對自我也有下達「不可那樣做」、「不可這樣做」等禁止命令的功能。自我也會對抗原我的欲動，但只是命令「延後」滿足欲動，並不是像超自我一樣命令「禁止」滿足欲動。這個機能的反面，也就是為了追求完整而努力的機能，也包括在超自我的機能裏面。

第二個特徵是「復仇法」的機能，也就是超自我在無意識當中認為，必須對倫理道德上的錯誤與犯罪予以懲罰，而與被害者受到相同的痛苦，這個「復仇法」的機能便是原始社會正義感的特徵，也是幼兒正義感的本質。

超自我機能的第三個特徵是無法區別行為和願望，也就是說，超自我不僅僅對不道德的行為加以懲罰，甚至連有不道德行為的念頭也加以禁止和懲罰。如果做了超自我無法認定的行為時，此人在無意識當中會顯露出自我懲罰性的失敗、說錯話或受傷等情況的出現，這些都是受到超自我機能的影響。

第四、超自我的機能與集團心理有很深的關係。佛洛伊德認為一個團體之所以會團結在一起，是基於各成員將領導者的理念內在化，或與領導者同一化，結果領導者的超自我和印象會成為團體中各成員超自我的一部分，領導者的意志、命令、教訓等也會成為各成員的道德標準。這樣的機能大概也存在於宗教性的團體吧！在同一信仰的旗幟之下，要組成一個集團，各成員必須要具備超自我的共通要素。

這麼一來，超自我就像是嚴格的道德審判官，但是，如果兒童依照超自我的命令行動，就可以被雙親及社會所認同，也可以避免被責罵，結果自己也可以避免掉痛苦。不僅如此，如果依照超自我的命令行動，有時甚至可以體驗到榮耀的感受。這種榮譽感與幼年時受到父母親褒獎時的感受很類似，那可說是一種自戀主義，此時，由於做了合乎道德的行為，所以，會感受到愛自己本身的機能，因此，正如佛洛伊德所說的，超自我不但是感受罪惡的來源，同時也是感受滿足和喜悅的來源。

原我、自我、超自我的關係

正如前面所敘述的，心理裝置是由原我、自我和超自我三個層次所組成的，原我是遺傳上、生物學上所規定的種種欲動和使全體心理裝置活動的「能」的來源。但由源現實世界的各種情況，所以，原我的欲動無法以原來的形式來順利獲得滿足。於是原我對「考量現實世界情況的機能」重新加以分化和發達，而這個新的機能便是自我。因此，由幼兒時代開始，必然經歷過數次反覆的挫折感，藉此來使自我分化和發達，而將原我的願望和欲動與外界現實世界的情況加以清楚地區分，並判斷二者的關係，這就是自我所扮演的角色。也是使知覺、記憶、思考等高級精神機能發達的理由。

自我也以了解自己本身以外的環境作為反作用來了解自己本身，因而確立了自我的境界。如此一來，自我成為原我與環境之間的仲介者，而使原我的欲動能延後發散，並加以控制，有時甚至也加以阻止。這個機能巧妙地發揮了功能，這便是自我的發達。

但是，由於像這樣發動自我機能的「能」利用到原我的「能」，所以隨著自我的發達，原我的「能」相對地減少，原我的欲動變得很容易被壓抑住，因此，原我是遵從快樂原則，而自我是遵從現實原則。

接著來看看超自我和原我的關係，由以往的敘述可知，超自我顯然是自我的一部分，也是自我的特殊部分，但由原我的立場來看，超自我是伊底帕斯對象關係的轉化，也是它的殘餘物，佛洛伊德所說的超自我的根源位於原我的深處，就是這個意思。因此，可以說自我和超自我都是由原我產生出來的。前面提到過，剛出生幼兒的心理裝置都是原我，也就是這個意思。

超自我的主要機能「道德上的禁止力量」或嚴格的「審判」，當然都與原我有密切的關係。由前面所敘述的說明來看，由於超自我是雙親內在化的表現，所以，某人的超自我機能的嚴格程度，被認為與雙親的嚴格程度相當，但實際上並不太一致。不如說此人超自我的嚴格程度，是依照伊底帕斯情結中對雙親具有攻擊性和敵意的欲動能的強弱來判定的。

例如，依照男性在伊底帕斯期是如何敵視父親，女性在伊底帕斯期是如何敵視母親的強弱來判定。發動超自我機能的「能」，也是由原我的「能」吸取過來的。超自我最先是以雙親內在化的形式出發的，隨著成長而逐漸接納教師、歷史人物及出現在文學上的虛構人物等的超自我，並加以「同一化」、「內在化」而逐漸形成發展下去。

以這一點來看的話，超自我似乎經常與原我的欲動相對立，但實際上並不一定如此，例如，極端地道德心會對自我本身產生攻擊性，因此，此時原我的攻擊性欲動獲得滿足。

縱觀世界史，可看出很多假借道德的超自我作用，來進行大規模殘酷行為例子，像對異教徒的殘酷宗教審判，納粹德國政府大量屠殺猶太人等都是很好的例子。但是，以佛洛伊德的理論來看，其實是假借超自我之名的原我欲動的表現，顯而易見的，原我所隱藏的欲動能具有很大的力量。

最後列舉一點原我與超自我的類似點，那就是二者都有扭曲事實，再加以注視的作用，也就是說，超自我經常以「應該如此」的眼光來看待事物，所以看不出事物的本來面目；原我則是以「希望如此」的眼光來看待事物，而不想看到事物原本的面目。

心理裝置

心理裝置是一個「能」的體系，但這個「能」並非是無止境的，因此，如果將裝置中的一部分「能」集中在一起，那麼，其他部分的「能」就會相形枯萎。

例如，具有強烈自我的人，其原我和超自我比較弱；而「能」集中於超自我的人，其自我和原我則比較弱；前者就是所謂頑固的人，後者則是道德觀念極強的人。大部分的「能」集中於原我的人，是屬於比較衝動的人。在心理裝置的內部，「能」的分配狀態的特徵，正是此人的人格特徵。

在無意識當中發揮功能的心理機能

無意識、前意識

佛洛伊德初期理論的中心概念是無意識，而這也正是佛洛伊德思想的重要特徵之一，據佛洛伊德所說：「在心理學上，我們的工作便是將無意識的過程翻譯成有意識的過程，根據這點來填補外表看起來似乎並不連續的意識上心理作用的空隙。」

這正如在物理學上或化學上無法一眼看出物質的因果關係，而以實驗和假說的方式來將這些因果關係加以連結，是相同的道理。因此，如果心理學要成為一門科學來了解心理作用的因果關係，無論如何都必須研究無意識的世界才行。

這麼受到佛洛伊德重視的無意識體系，究竟具有什麼特徵呢？

第一個特徵是，不斷想釋放出「能」（libido）的各種衝動是由願望、興奮組成的。這些衝動和興奮並不會相互影響，而且是相互並存著的，這些沒有遭到否定的話，也就不會受到懷疑，因此，以懷疑的眼光看待或否定無意識體系中的衝動和興奮的，是來自於比無意識更高層次的精神體系所加諸的壓抑力量。無意識的體系可以說是一個具有強烈「能」的種種欲動，彼此不相矛盾地並存著的體系。

無意識體系的第二個特徵是，各個欲動只遵從快感原則，而不遵從其他的秩序，也就是說，這些欲動只是一味地追求快樂，而逃避不愉快。其在時間上也沒有什麼秩序，所以，即使經過了一段時間也不會有所改變。要言之，這些欲動皆與時間毫無關係，其所具備的「能」在相當的範圍之內，可以代償或代換（關於此點，後述）。

與無意識體系相對的前意識體系又是如何呢？首先來聽聽佛洛伊德的說法：

「由精神分析的成果來看，無意識的體系和前意識的體系之間介有一種『檢閱』的機能，也就是說，當無意識的內容無法通過檢閱時，不但不能移往前意識的體系，而且還被壓抑住，故不得不留在無意識的世界裏，但是即使能夠通過檢閱而進入前意識的體系之中，其和意識體系之間的關係仍不是很明朗化，那只不過是有能夠進入意識體系的可能性罷了，要等到所有的條件都具備齊全時，才不致於受到特別的抵抗，而成為意識的對象。」

在此，佛洛伊德所說的檢閱是指無意識體系的內容被意識化，並加以妨礙的某種假說的機能。

能夠通過檢閱而進入前意識體系的內容，已經與無意識的體系不同，彼此會相互影響，在時間上也呈現出秩序，並且能夠充分考量現實，此時無意識的世界充滿生氣，相對地，前意識的世界已經具有壓抑隨意釋放欲動能的傾向。

35歲的佛洛伊德

一般而言，由青春期開始，前意識體系與無意識體系會清楚地分開來。

區分無意識、前意識、意識和區分原我、自我、超自我，不論由其機能來說或由其發生來看，兩者都有極微妙的關係。

有些學者將兩者的關係以下面的圖來清楚地加以圖式化，其實佛洛伊德的理論並不能夠很明確地加以整理出來。

- 心
  - 意識過程 → 自我
  - 非意識過程
    - 前意識 → 自我
    - 無意識
      - 壓抑著↓超自我
      - 被壓抑著↓原我

不安的理論

支配無意識體系的原則是快感原則，關於這點，前面已經提到過。最初佛洛伊德認為欲動「能」能夠被發散出來是件愉快的事，相反地，不能被發散而且持續增加是件極不愉快的事，但是，後來他發現到這種想法有其不太適合之處，因而將自己的理論稍加修正。

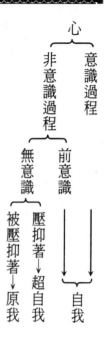

例如，性緊張便是不合適的例子，也就是說，性緊張的增加——欲動「能」不但未被發散出來反而持續增加的狀態，至少能夠獲得某種程度的快感。佛洛伊德後來主張：「欲動能的貯藏、發散等現象與愉不愉快的情緒之間的關係並非那麼簡單，也不是那麼容易就能確定的。」

他認為心理裝置具有強烈追求快樂、避免不愉快的傾向，特別是在無意識世界之中，這種傾向更為明顯，這便是「快感原則」。

將快感原則反過來的話，便會產生「不安的理論」，佛洛伊德最初認為不安是欲動能libido未被充分發散出來，或是發散受到了阻礙所產生出來的情緒，換言之，不安的本質是在心理裝置內部中被異常累積的欲動能。

然而到了一九二六年，佛洛伊德提出了新的不安理論，他將不安的來源求諸於生物學及遺傳學，而認為人的不安是與生俱來的，人類如果被棄置在沒有任何保護的自然中，很快就會死亡，因此，感到不安的能力與其他動物一樣，在生存上是不可或缺的東西。

那麼，在什麼樣的情況下，人會感覺到不安呢？當心理裝置被來自內外的巨大刺激所壓倒，而無法發散和處理時，便會產生不安。而如果將來自內外的刺激加以支配、處理，並使之發散的方式是屬於自我機能一部分的話，最容易為巨大刺激所壓倒的，應該是在自我機能尚未成熟的幼兒時期。

佛洛伊德並列舉出一個幼兒的「出生經驗」。生產對即將出生的胎兒來說，是人生最初也是最強烈的體驗，當時，幼兒應該對外部加諸於自己內臟和感覺器官的壓倒性刺激，和由母體到外界環境的激烈變化感到無力感。像這種心理裝置受到壓倒性刺激所傷害的情況，佛洛伊德稱之為「外傷狀況」或「危機狀況」，出生則是「危機狀況」的原型。

人生的第二個危機狀況會在出生後立刻來臨，那是在剛出生的嬰兒自己什麼都不會做的情況下產生出來的。例如，嬰兒肚子餓無法憑自己的力量吃東西，而且自我尚未發達到能等待母親到來的階段，於是嬰兒為擴大的欲動能所壓抑，自然而然會體驗到不安的情緒。

這種在幼兒期自然產生引發不安的大量刺激，是根據原我的功能而來的，但實際上會感覺到不安的是自我的機能，因此，在經過了自我機能充分發達的兒童期之後，能夠感覺到不安和不安的意識。

人生的第三個重要危機狀況是，伊底帕斯情結所引起的不安。

第四個危機狀況是隨著超自我的形成而發生的。心理裝置是經歷了幾個重要的危機狀況和體驗到各種不安而能繼續發展下去的。此時危機狀況的大小因人而異，但是，在某些情況下經歷了過度的不安，其結果是成為神經症的患者，這便是不安神經症。例如在第一章提到過，以第一次世界大戰為背景，所產生的戰爭神經症，很明顯地是在戰場的特殊條件下，人必然暴露在壓倒性的刺激之中，自然而然會產生不安所造成的。

自我防衛的機能

在這種面臨數個危機狀況和體驗數個不安的成長過程中，兒童學會預知危機狀況的出現，此時的心理裝置由於預期到危機狀況的到來而感到不安，而這種感到不安的機能也是自我的機能之一。

這可說是人類由於自我的功能預期到迫近本身的危機狀況，所引起不安的反應，為了迴避這種不安而使盡全力。從另一方面來說，不安可以說是自我為了預告危機狀況而所發出的訊息。

能預期到的不安是很令人不愉快的情緒，因此一旦產生不安，快感原則就會發揮功能，原我的欲動「能」會將必要的「能」轉移給自我，自我就會使可能引發危機狀況的行為中止，或是避免陷入危機狀況，所以，這種不安的機能本身並非病理的東西，而是健康且需要的東西。

已經發生的危機狀況與預期發生的危機狀況所引起的不安，最大的不同是在於不安的強弱，當然，前者的不安較強而後者較弱。

自我接收到危機狀況迫近的訊息之後會產生不安，然後與原我的快感原則相呼應，希望能逃避掉危機狀況的一種心理功能，這在心理分析學上稱為「防衛機能」。防衛機能是在無意識當中進行的，而且防衛方法也有各式各樣，以下按照順序列舉幾個代表自我防衛機能的例子。

壓抑

「壓抑」，在佛洛伊德的初期理論當中，就已經被列舉為防衛機能的重要方式。壓抑是一種將性欲動或攻擊性欲動等可能使自我陷入危機狀況的原我欲動及其衍生物加以抑制，並且逐出意識之外的自我活動，因此，被壓抑的事物就會被遺忘，那是由於如果記住，就會產生危險的緣故。

如果由「心能」的立場來看，壓抑是自我必須使用和壓制自己本身所擁有的一部分「心能」，如果不如此，被壓抑的事物便會浮現在意識體系當中。例如，苦於發高燒的時候，酒醉的時候或是睡眠的時候等自我能源較弱的時候，被壓抑的欲動和願望便以各種形式散發出來，因此，像高燒喃語時會說出真心話；酒醉時會趁勢說出平時不敢說出口有關性的話，或是在夢中痛打自己所厭惡的上司等等，都是很好的例子。

但是，也有相反的情況，例如，青春期的青少年由於肉體逐漸成熟，原我的欲動能也急遽在增加，而使其對在兒童期比較不順利的性欲動壓抑失敗，便是一例。此時並非自我的壓抑力量減弱的緣故，而是被內部所增加的壓倒性欲動能打敗，因此，壓抑是否能夠成功，要看原我的欲動能和自我壓抑所使用的能之間是否平衡來決定。

但是，即使具有強烈自我能源而壓抑成功，被壓抑的東西也會尋求其他出口而蠢蠢欲動、這就成為神經症的發生原因，關於這點，在第一章已經提到過。

關於壓抑的機能，更進一步來說，正如剛剛所提到過，壓抑的全部過程都是在無意識中進行的，無意識不僅僅是被壓抑的要素之一，壓抑的自我活動本身也是完全無意識的。當某種東西被壓抑時，被壓抑的東西在機能上脫離自我而成為原我的一部分。因此，如果壓抑太多東西時，自我的領域就會逐漸縮小，而且自我的整體力量也會減弱，這點由前面所敘述過的能源論就可以看得出來。

過分壓抑的人，在日常生活中呈現出內向、保守、慎重、經常緊張、沉默寡言、動作遲緩等性格，那是由於他將大部分自我的「能」過度使用在壓抑上，所以沒有留下輕鬆愉快地處理各種經驗的「能」了。雖然如此，壓抑對正常人格的發展也是極為必要的，不論任何人都會有某種程度的壓抑，因為壓抑是自我防衛的重要機能之一。

反動形成

反動形成也是典型的自我防衛機能之一。例如，為了壓抑住憎恨（攻擊性欲動的表現）在意識中出現所產生的危機的欲動能，而過分強調其相反的東西，也就是喜愛，反而使自我暴露在危機之中的機能。

為了要隱藏殘忍而表現出溫柔，為了要壓抑頑固而表現出順從，或是為了隱藏污穢而強調清潔，這些全部是反動形成。

這樣說來，也許會認為反動形成是對社會上不容易被接受的事物加以壓抑，而將其相反的事物表現在表面上的一種自我防衛的機能，但事實並不一定如此，例如「愛之過剩、憎之亦激」這句話正可巧妙地表現出這一點。由此看來，反動形式與超自我的形成有很類似之處，讀者已經發覺了吧！

以另一個角度來看的話，超自我為了防衛自我，一方面壓抑伊底帕斯欲動，另一方面形成其相反的道德體系。

接著，以幼兒對待新生弟妹的例子，來敘述反動形成的具體情形。在這種情況下，幼兒首先會害怕弟妹奪走以往一直專屬於自己的母愛與關心，而對新生弟妹加以排斥，這點清楚地反映在行動上。

例如，用腳踢睡眠中的弟妹等，但這會立刻遭到母親的嚴厲指責，然後了解到如此做，反而無法滿足讓母親的愛與關心轉向自己的願望，這麼一來，只好壓抑住對弟妹的敵意，代之而起的是出現了能確保母親的愛與關心的行動，也就是愛護自己弟妹的行動，這就是幼兒在無意識當中所採取的防衛自我的行動。

以反動形成的方式產生出來的愛和真正的愛相異之處在哪裏呢？是否能由外表來區分出來呢？其實那是可以區分出來的，反動形成所產生的愛，其顯著的特徵是表現過於誇大其實、不自然、很華麗等，過分強調的愛是無法像真正的愛那樣能夠順應環境的變化，萬一這種愛的表現失敗，憎惡的感情就會立刻表面化。對於不安，反動形成的手段是採取保護自己的姿態，因此，由反動形成表現出來的愛會立刻被視破。

反動形成的機能不僅會表露出內心的不安，對外在的不安也會表露出來，例如，對於自己所害怕的特定人物，拼命地想親近他的舉動，便是如此，但是；那種舉動極為不自然而且很笨拙。反動形成的過程也是在無意中進行的。

投 射

投射是原我或超自我的機能將壓力加諸於自我，當自我感到不安時，會尋求自己以外的原因來緩和不安情緒的防衛機能。為何這也能成為自我的防衛呢？那是由於外在因素所引起的不安、危機比起由自己心中感覺到的不安，更容易輕鬆地加以處理而令人心安。

現在舉例來說明，例如，繼母對繼子的憎恨等，這種繼母的感情無法受到社會的認同，同時自己的良心也無法接受，於是繼母在無意識中將自己的攻擊性欲動投射在繼子的身上，而深信「自己已經是一個很好的繼母，而且也很努力朝這個目標在做，但是卻因為繼子憎恨自己，而使別人都認為我不是個好繼母，這實在是很無奈的事。」於是她就避開了來自社會的譴責，也避開了因為良心的譴責而引起的不安，這就是投射的機能。

在無意識當中是「我討厭他」，然而卻以「他討厭我」的想法投射在繼子身上，這在無意識中不會受到良心的譴責，反而認為「由於他的阻撓，我才做不到」，這也是投射的機能。

前者認為由原我產生出來的攻擊性敵意所引起的不安，是由於他人的緣故，後者則認為禁止起自我所產生的不安也是由於他人的緣故，二者都藉著這種想法來緩和自己的不安，其防衛自我的目的都是一致的。

像這種投射的機能在幼年時期越能表現出來，例如，小孩子做錯事遭母親責罵時，會毫不在乎的說：「是別人做的。」這種情況經常發生，而像這種單純的謊言，小孩子本身甚至於會相信那是真的，此時投射的機能正巧妙地發揮功能。

投射的機能也是在無意識當中進行的，如果能夠意識到的話，那就無法減輕不安了。

退化和固著

退化也是很重要的防衛機能之一。所謂退化是指自我的欲動能獲得充分的滿足，無法發散出來而陷入不安，自我會回到過去的發達階段，將過去有效率的行動模式運用在現在的事態上，想藉此抹滅欲求滿足的無意識機能。

退化的機能與下面即將敘述的固著機能有很深的關連，固著傾向較強的人容易引起退化現象，一旦退化的機能發揮功能時，人的欲動便會神氣活現起來，接著出現自戀的傾向。接下來聽聽佛洛伊德關於退化的敘述。

「性欲動的成分之一如果是過於強而有力或太早獲得滿足的體驗，結果libido會固定在發達過程當中，過了幾年之後，當這個體驗受到壓抑時，libido就會想要回到原來的地方。」這就是退化。

退化的具體實例是什麼的情況呢？前面所列舉的反動形成的例子也可以使用在退化機能的說明上。

也就是，當有新生弟妹的幼兒，會害怕母親將對自己的愛與關心轉移到新生弟妹身上，為了挽回母親的愛與關心，但由於尚未發達到能夠想起合理辦法的階段，於是幼兒只好在無意識當中退回到自己最年幼時能有效得到母親關愛所做的幼稚行為上，藉此來挽回母親的愛與關心。這種逃避不安、防衛自我受傷害的機能就是退化。

心理受到傷害的人將自己封閉在夢的世界當中，為了放鬆而藉酒裝瘋、被責罵的小孩子突然說出嬰兒時期所說的話，因為不滿而胡亂開車等，這些都是退化現象。其他還有做夢或喜歡看科幻、懸疑小說等，都是經常發生在大人身上的退化現象。

相對地，所謂的固著是什麼的機能呢？固著意味著心理裝置停留在某個發達階段，而無法繼續發展下去的傾向。那是因為在精神上害怕更進一步發展成為大人，因而懷著不安而固著下來的。

例如，上了高等學校的孩子，因為不安的緣故，只和以前學校的同學玩，而且以前的行動方式也不改變，藉此來逃避不安與防衛自我，這是在日常生活中經常可以看得到的暫時固著現象。

昇華和代換

接下來再敘述一個有關於昇華和代換的機能。

所謂昇華，是被壓抑的欲動能將方向完全轉移到社會所認同的有價值的目標上，並加以實現而獲得賠償性欲動滿足的機能。代換則是將對某對象的欲動能轉移到其他的對象上，而獲得賠償性滿足的機能。因此，昇華和代換可說是相同的機能，但如果賠償對象是更高層次的文化目標時，稱為昇華，例如，以向運動記錄挑戰來代替攻擊性欲動的直接發散，這便是昇華；以努力創造文學作品來代替性欲動的直接發散，也是昇華。

佛洛伊德認為達文西以強烈的關心來描繪聖母像，是由於達文西昇華了對幼年時即分離的母親的仰慕之心，就連文明進步的本身也是由於原我的欲動能被昇華的結果。

以上有關各種自我防衛的機能，雖僅列舉出幾個代表性的例子來說明，但自我防衛的機能只不過是在處理不安時，所使用的不合理方法。這和欲動能的本來發散方式是不同的，其中尚包含了種種的問題。當這個機能過分地發揮功能，會使人喪失自我獨佔性、柔軟性和敵應性，即使當這個機能發揮了功能而自我防衛失敗，自我也會面臨到不安，進而轉變為神經症。

又如果這個機能完全無法發揮功能時，自我將會受到傷害，因此，要發展健康的自我，使自我防衛機能適度發揮功能是有必要的，而什麼樣的程度才算是適當呢？這因人而異，而累積各種挫折對小孩子的自我發展是極為重要的。

失敗的心理

如果要解開在無意識中運作的心理機能之謎，還有一個關鍵，那就是我們在日常生活中經常發生的失敗、說錯、想錯、寫錯等行為，我們常將這些日常生活中的小錯誤歸咎於不注意、輕率、疲勞、興奮等的緣故。但是，佛洛伊德認為那些都只是錯誤的補助性和次要性的原因，而錯誤的根本原因是以往所敘述的各種無意識的心理過程。

首先舉出一個具體的例子來說明。一個年輕男子駕著自己的車出席自己的婚禮，在前往新娘家途中的十字路口，遇到紅燈停下車來之後，一直沒有察覺到紅燈變成綠燈，他一邊隨意聯想著各種事情，最後驚覺到自己在無意識中對結婚並不感興趣。

再另外舉一個交通事故的例子來說明，一位女子開著丈夫的車子，在交通情況混亂的路上突然緊急煞車，後面的來車追撞上車子的後部，結果撞壞了車子後面的擋泥板。為這位女子精神分析的結果是，她的丈夫對她非常粗暴，平時她只敢在心裏憤怒，由於她無法對丈夫施以公然和直接的攻擊，所以，只能粗魯地撞壞丈夫的車子，事故剛發生的那一瞬間，她能微微感覺到盤結在心中的憤怒獲得了發洩，即使她在無意識中對丈夫懷有敵意，但她的超自我不允許她如此，為了這種罪惡感，撞壞丈夫車子這件事在無意識中給予丈夫懲罰她的機會，因而拯救了他的罪惡感。

以上這兩個例子雖然不是佛洛伊德本身所處理的案例，但卻能很清楚地描繪出日常生活中犯小錯誤的心理。

像這種說錯、做錯等在正常的精神活動中是經常可以看得到的，心理裝置內部的無意識欲動能在此扮演著重要的角色。由自我機能的立場來看，在沒有說錯或做錯的情況下，自我會調整各種無意識欲動的影響，以及巧妙地調和無意識欲動的影響與環境的要素。

但是，在說錯或做錯的情況之下，自我無法完全統合在無意識中活動的各種欲動能的影響，並且由於這些影響中有一些會以某種程度單獨發生作用，所以，會發生錯誤及事故。因此，調查自我機能是否完全發揮功能，或說明無意識的欲動能如何互相調和，皆是精神分析的工作。

夢的分析和解釋

夢的判斷從舊約全書時代就已經開始

沒有任何東西比夢更能讓人類體驗到理性的感覺，在原始時代，夢被認為是神明的昭示，例如出現在舊約全書中，約瑟夫對帕拉歐所做的夢的判斷，正可顯示出夢被認為是對未來的預言，這個夢是：七頭肥牛在草地上吃草，忽然來了七頭瘦牛吃掉了這七頭肥牛。根據這個夢來預言埃及在連續七年的豐收後，會緊接著連續七年的飢荒，而再度回復原狀。

在希臘時代以占卜夢來治病，病人來到阿波羅或阿斯克雷皮歐（希臘神話中的醫神）神殿；舉行各種儀式，如沐浴、焚香、拭身等，並睡在當作祭品的山羊皮上，祭司針對其所做的夢加以判斷來決定治療的方法。希臘大哲學家亞里斯多德說過，人在睡夢中可以發現到覺醒時所無法察覺到的病情。

但是到了近世，已經超越了占卜夢的立場，而將夢加以仔細的思考，岱爾貝夫所做的夢便是一個好例子。

岱爾貝夫有一天做了一個夢，夢見二隻蜥蜴凍僵在他家庭院中的積雪上，由於自己很喜歡動物，遂將這兩隻蜥蜴放在手中取暖，之後又將這兩隻蜥蜴放進牆壁上的小洞裏，還放了二三片鹵朵（植物名）的葉子，接著出現了另外兩隻蜥蜴開始吃鹵朵的葉子，往原野一看，第五隻、第六隻蜥蜴一直往牆上的小洞前進，蜥蜴的數目逐漸增加，最後終於佈滿了整條路。

由夢中醒來的岱爾貝夫，對自己原來不可能知道的植物名卻在夢中知道感到不解，而且夢到的植物名與實際上的植物名稱幾乎一模一樣，只是夢中的植物名稱比正確的名稱多了一個S的字母，他覺得這實在太不可思議了，於是將這個夢深記在腦中。

經過了十幾年後，有一天由於某件事，使他想起了以下的事，在夢見蜥蜴的前兩年，他將朋友妹妹的壓花手冊中的全部植物請教植物學家，自己也以拉丁文記下，而鹵朵的名稱也包含在其中，還有在夢見蜥蜴的前一年曾經看過登有蜥蜴排成大行列圖的雜誌，這個例子已經超越了判斷夢的階段。岱爾貝夫發覺到人在覺醒時完全遺忘的事，在夢中能夠自由自在地浮現出來。

但是，將有關夢的解釋完全以科學的方法有系統地加以研究，則是始於佛洛伊德，接下來看看佛洛伊德的夢的解析的理論。

伊瑪的夢

一八九五年七月二十三日至二十四日，佛洛伊德做了一個意義深長的夢。這個夢使佛洛伊德正式踏出以科學的方式來解釋夢的第一步。以下稍加詳細敘述夢的內容。

佛洛伊德在一八九五年以精神分析法來為少婦伊瑪治療，治療的效果只有一部分比較良好，而不是全部的症狀都完全治癒，在這種情況下，伊瑪暫停治療，前往鄉下避暑。

某一天，到避暑地拜訪過伊瑪的同事奧多醫生來拜訪佛洛伊德，當佛洛伊德問到伊瑪的狀況時，奧多回答說：「她看起似乎比從前好些，但好像不是完全康復。」奧多說話的語氣令他感到有些不愉快，在他聽來，奧多的話語之意好像是在指責他，此時佛洛伊德並沒有感到明顯的痛苦，他本身也沒有將自己的感覺表露出來。當晚，佛洛伊德像是要為自己辯解一般，將伊瑪的病歷加以仔細地記錄下來，也就在當天晚上，他做了一個夢。

在一個大廳裏有很多客人，伊瑪也在其中，佛洛伊德將她帶到一旁，責備她沒有接照自己所指示的治療方法來做。

佛洛伊德對她說：「你說還會疼痛，那是由於你沒有按照我所指示的治療方法來做，這是你自己的錯。」伊瑪回答：「你知道我是多麼疼痛嗎？脖子、胃、腹部都好像被拴綁住一樣。」

佛洛伊德凝視伊瑪的臉龐，發現到他的臉色蒼白、浮腫，於是佛洛伊德認為可能是遺漏了與內臟器官有關的部分，他將伊瑪帶到窗戶旁，診察其喉嚨，這時看到右側有一個很大的斑點，另一個地方也有灰白的東西，於是叫出M醫生。

M醫生再度地診察伊瑪，然後說：「這是傳染病，但是完全沒有問題，也許會變成赤痢，但是毒物也會被排泄出來。」於是佛洛伊德在夢中這麼想：「奧多在伊瑪發病時曾替她注射過，雖然現在不那麼輕易做這種注射，但是……，恐怕是注射器沒有完全消毒乾淨才會變成這樣。」

以上就是佛洛伊德所夢見到的「伊瑪的夢」，夢的內容當然與實際狀況相差甚遠。第一、伊瑪的容貌與實際上完全不同；M醫生所安慰的話聽起來也是很滑稽，但是很明顯的，這個夢與白天所發生的事有很大的關係。

為了了解這個夢的意義，佛洛伊德做了以下詳細的分析。

分析伊瑪的夢

「有許多客人的大廳」夢中的大廳就是佛洛伊德家的大廳，事實上，做夢之後的二、三天，佛洛伊德家的大廳正預定開舞會。

「你說還會疼痛……這是你自己的錯」這句話值得注意，那是因為想推說伊瑪的疼痛並非他的責任，這個夢的真正意圖就隱藏在這句話裏。

認為「可能是遺漏了與內臟器官有關的部分」，反過來說，如果伊瑪的疼痛原因與內臟器官疾病有關係的話，身為精神科醫生的佛洛伊德就沒有責任，他也可以藉此避免遭受指責，因此在夢中，他以精神科的治療法來治療的診斷，如果有錯，也可以這麼認為。

還有M醫生所說的「完全沒有問題」是句安慰的話，也就是對於伊瑪的病情不必負責的這一點，在夢中巧妙地加以組織，而讓M醫生說出來。

那麼「雖然現在不那麼輕易做這種注射，但是……恐怕是注射器沒有完全消毒乾淨」這句話表示什麼意思呢？這點應該立刻就能了解，這句話正顯示出他對奧多醫生直接的指責，而且對那天白天奧多所說的話加以反駁。

其中有關注射器消毒的事，有另外一個其他的背景，當時佛洛伊德每天正為一位八十二歲的老婦人注射二次嗎啡，夢見伊瑪時，這位老婦人剛好也在鄉下，在偶然的機會裏由老婦人的兒子口中得知老婦人患了靜脈炎，當時佛洛伊德立刻想到其原因可能是注射器沒有消毒乾淨，而將這個情形投射到奧多身上，於是在夢中變成奧多未將注射器完全消毒乾淨。

分析已經完畢，總之這個夢是由於那天奧多敘述伊瑪不完全治療的狀況，令佛洛伊德感到不愉快，而在夢中對奧多施以報復，奧多對佛洛伊德的譴責也在夢中投還給奧多。在佛洛伊德的無意識中悄悄滋生了「想要譴責奧多」的願望，這個願望在夢中獲得了滿足。

顯在的夢和潛在的夢

分析過伊瑪的夢之後，佛洛伊德確信夢在心理學上的意義。在正常的精神現象中，沒有比夢更能清楚地表露出無意識的過程，或將被壓抑的精神內容浮現在表面上，顯然地夢是以最少的勞動來達到人心中無意識層次的重要路程，於是佛洛伊德開始以科學的方法來分析夢。

一九三一年佛洛伊德在他的著作『夢的解析』由布利爾翻譯時，在第三版的序文中寫著：「……即使是現在，我還是認為這本書包含了以往我所幸運發現到的事實中最有價值的東西，這種洞察也許一生中只有循環一次。」

我們在日常生活中經常做夢，事實上如果說我們每天都在做夢也並不為過，但是做夢的時間都非常短，即使是做了像被大蛇追逐，而在彎曲的斜坡上跌跌撞撞地逃跑的長夢，也只不過是數秒之間的夢。而覺醒後記不起夢的內容的情況也很多，因此大家會認為：「昨天晚上沒有做夢。」

像這類的夢在精神分析上的說明如下，能夠在覺醒之後說：「這是夢！」像這樣的夢的內容不過是睡眠中無意識精神活動的最終結果而已。在這之前已經存在不如做夢那麼刺激強烈的各種無意識的思考和願望，稱為「潛在夢的內容」，而潛在夢的內容所受到的無意識精神活動稱為「夢的作業」。由於夢的作業，所以，在睡眠中所做的夢叫做「顯在夢」。顯在夢並不是在覺醒後隨時可以記起來的夢，記不起來的情況反而較多。因此，存在於夢和潛在夢階段的無意識思想和願望，經由夢的作業而轉變為顯在夢的內容。

這樣看來，夢的確是如佛洛伊德所說的「願望充足」。由晚餐吃了含鹽過多的東西，睡覺會夢見喝水，或如流行歌「在夢中相會」的歌詞所描述的情況，這些都很能表現出「願望充足」。

但實際上並非全部都是像剛才所列舉的純粹願望充足的夢，前面所敘述的伊瑪的夢等，都得經過分析才能發覺到願望充足的性格，在未分析之前，那些夢都只是一些無法想像的普通夢。夢的表現方法很少有像飢餓的人夢見吃東西那樣單純簡單的表現法，夢是以各種扭曲的方式表現出來的，只是稍微思考一下是很難理解其中的意義。

接著來敘述一下支配夢的主要法則。

夢的材料

夢是由哪些材料組成的呢？第一是，睡眠中的人其感覺器官受到刺激而產生各種感覺的印象，例如口渴、飢餓、疼痛、令不愉快的冷熱、鬧鐘的聲音等都包括在內。這些感覺刺激不像睡眠被中斷那麼強烈時，或睡眠被中斷到覺醒之間，這些感覺的印象被當成材料而形成各式各樣的夢。讀者也許有過聽到鬧鐘的聲音而夢見火車，或是由於身體疼痛而做了惡夢的經驗吧！

還有另外一個夢的材料，那就是受到覺醒時精神活動的影響，或睡眠時仍在無意識世界繼續活動的各種思考、觀念和願望。其中，人在最近的生活體驗中所具有的思考、觀念和願望，是最適合成為夢的材料。

第三個材料是佛洛伊德最重視的材料，就是在幼年時代的體驗中，特別受到壓抑及被封進原我的欲動，而難以忘懷的體驗。

佛洛伊德舉了一個三十多歲的醫生所做的夢來說明，這個醫生從幼年開始，一直到三十多歲，都經常夢見一隻黃色的獅子，這個夢很鮮明，他能夠很詳細的描述這隻獅子。

有一天，這隻在夢中早已十分熟悉的獅子突然真實地出現在眼前，那是一隻被收藏了很久的陶獅，由他母親那裏得知，這隻陶獅是他幼年時最喜歡的一個玩具，但是，他已經無法記起這件事。

還有某晚，他在閱讀某探險家的極地探險記後，晚上夢到那位勇敢的探險家由於坐骨神經痛，而在極地冰原上從事電療法。如果將這個夢加以分析，他想起幼年時代的某一件事，大概是在他三、四歲時，有一天大人們在談論探險旅行的事，他很聚精會神的聽著，然後問父親說那是不是很嚴重的一種病，原來是他將德語中發音很類似的「旅」和「痛」搞錯了，當時也受到了兄弟姊妹們的嘲笑，因此，在無意識中一直無法忘記這件可恥的事。

以上種種的材料構成了夢的內容，但並不是這些材料齊全，就能夠做夢，但當被壓抑的願望變成潛在夢的內容時，幾乎都能夠形成可以適合分析的夢。

夢的作業

所謂夢的作業止和前面所敘述的，將潛在夢的內容視覺化而塑造成夢。其基本原理是以空想的方式來滿足潛藏在夢中的無意識欲動和願望，藉此來緩和精神上的緊張，並將妨害睡眠的因素消除掉，使睡眠能夠繼續下去。

夢的作業中的願望充足原理雖然很適合幼兒的夢，但卻未必適合大人的夢，於是便出現了很多反駁佛洛伊德的論調。但是，只要繼續往下看便可以理解，大人的夢無法被認定出願望充足的要素，那是因為經過了壓縮、歪曲、移動、省略等的緣故，而以過於變形的方式出現，使得願望充足的要素不易被了解罷了。

要將潛在夢內容的「願望」、「思考」加以視覺化而塑造成夢，是需要很多的省略和壓縮，例如，在佛洛伊德夢中出現的伊瑪，並不是實際的伊瑪本身；將她帶到窗邊診察時，所看到的出現在伊瑪喉嚨中的灰白色斑點，是當時染上白喉的長女。所以，夢中所出現的伊瑪是壓縮女兒和伊瑪兩人的姿態而成的形體。像這樣夢中出現的人物，通常是壓縮統合過好幾個人之後出現的形體。

由於夢的表現方式不受到任何限制，所以其變形和壓縮也有可能以想像不到的方式來進行，因此，尤其是兒童期以後的夢，由於過分的歪曲和偽裝，所以，很難理解什麼是願望充足。

夢的作業還有一項重要的機能，那就是自我防衛的機能。自我即使以夢的形式出現，但是，在無意識世界中被壓抑的欲動和願望，拒絕浮現在意識世界的傾向依然存在，因此，夢是由潛在夢的內容的力量，與自我防衛的力量相互平衡所形成的。佛洛伊德將潛在夢稱為是「妥協形成」的一種，就是針對這點。

例如，很清楚在夢中所看到的事，然而對夢的內容卻很模糊，甚至於對夢的內容非常不明瞭的夢也有，這些正暗示出自我防衛的力量比潛在夢的內容的力量要強。這種各式各樣的自我防衛機能，佛洛伊德稱為「夢的檢閱者」。

夢的檢閱者

根據被壓抑的願望或欲動而產生出來的潛在夢的內容，經常將意識化的機會視為目標，但是，卻遭到自我防衛作用的妨礙，而不能以其原本的形式浮現在意識上。為了要通過自我的檢閱，於是出現了被歪曲的意識，而變成夢。其歪曲的比例，在潛在夢的內容被意識化，而產生不快感或罪惡感的情況下比較強，如果潛在夢只是基於身體上的感覺刺激而被意識化的情況下則比較弱。

接下來佛洛伊德列舉了一個「夢的檢閱」的具體例子。

佛洛伊德高中時代一位後來成為律師的同學，在聽了佛洛伊德演講「夢是願望充足」的夢的理論之後，當晚即夢見一切訴訟都是敗訴，律師是不該有敗訴的願望，而以為這是否定佛洛伊德理論的夢，於是他將這個夢告訴了佛洛伊德。

但分析的結果是，這個夢果然是願望充足的結果。那是由於佛洛伊德在高中時代一直是名列前茅的優等生，而他卻老是徘徊在中等的地方，他從少年時代開始便有一個願望，希望佛洛伊德能夠受一次辱，雖然是如此希望，但基於同學的友情，這個願望遂一直被自我所壓抑，於是在夢中並不是以佛洛伊德受辱的形式來出現，而是藉由自己的訴訟敗訴的形式來否定佛洛伊德的理論，好通過友情的檢閱，來達到否定佛洛伊德的理論而使其受辱的目的。

接下來的例子是由於自我防衛的檢閱，而使部分的夢變得模糊不易明瞭。

有一次佛洛伊德夢到自己騎著灰色的馬在漫步，因為很輕鬆舒適，所以，又繼續走了一小段路，回頭想在路旁的小禮拜堂前下馬，實際上卻是在附近的另一個禮拜堂前下馬，而這條路有一間飯店，飯店前站著一個服務生，服務生給佛洛伊德一張紙條，上面寫著「什麼都不吃」，接下來第二句模模糊糊看不太清楚，句子的下面劃了二條線，於是佛洛伊德浮現出一個想法「啊！我現在是在外國的街道上，所以什麼事都不必做」，這就是佛洛伊德所做的夢的概略。

接下來試著分析這個夢看看，當時佛洛伊德正苦於腫瘤的痛苦，只要身體稍微一動就會疼痛不已，還有發燒、倦怠感、食慾不振，再加上必須要做的工作堆積如山，這些事情使他感到不愉快，尤其是像騎馬這種絕對不可能的舉動卻出現在夢中，騎馬這件事應該是對病痛加以強而有力的否定，所以，這個夢顯然是「想脫離痛苦」的願望充足。

問題是服務生所遞來的紙條，那是在做夢的前一天，有位神經症病患給了佛洛伊德一張紙條，上面寫著有關性的內容，由此演變下來，德語的「生殖器」與「向義大利」這兩句話很類似，這與做夢稍早前往義大利旅行等諸要素相連結，而感覺「我現在在外國的街道上」。

這顯然是想將有關性的內容表露在夢中，但遭到自我的抵抗，只好將那部分的文字變得模糊，並將夢的感覺代換成「我現在在外國的街道上」的感覺。換言之，夢中模糊的部分隱藏著自我對意識化強力抵抗的內容，這對夢的分析來說，正具有重要的意義。

夢的分析例子

在這一章即將結束之前，再列舉一個夢，佛洛伊德如何來分析這個夢呢?希望各位站在佛洛伊德的立場，來試著分析看看（佛洛伊德的分析結果附在本書最後）。

〔例題〕有一位年幼即喪失雙親，而一直在年長許多的姐姐及姐夫家長大的少女，夢到姐姐的兒子卡爾去世，雙手合攏躺在棺木內，這跟卡爾的哥哥奧多去世時的情況一模一樣，周圍點燃了許多蠟燭。在奧多去世時，她感到非常悲傷，但在夢中她既不感到痛苦，也不感到悲傷。以上便是夢的概略情況。

接下來敘述一下這位少女身邊的情況，她的姐姐現在只有卡爾這個獨子，卡爾的哥哥奧多在很久之前就去世了，她非常喜歡奧多，也很疼愛他，甚至還親手照顧他，當然她也喜歡卡爾，但是喜歡是喜歡，卻不像喜歡奧多一樣喜歡他。

不久，她在姐姐家遇到了一位令她印象深刻的男士，甚至發展到論及婚嫁的地步，但是由於姐姐的態度模稜兩可，所以兩人終告分手，之後這位男士也避免再來姐姐家。

經過了這件事，她搬離了姐姐家獨自生活，但是，仍然無法忘懷那位男士，加上自尊心作祟，她還是儘量避開那位男士。那位男士是個文學家，只要他在某處演講的話，她一定去聽他的演講。

除此之外，她不會放過任何一個可以在不為人知的情況下看到那位男士的機會。這位男士很長一段時間不曾到過姐姐家來，只有在姐姐的兒子奧多去世時來過一次，他一直站在棺木旁，之後就再也沒有來過。

現在就這些資料，讀者要如何分析這個夢呢？

文化論

蒙娜麗莎的微笑

一九一〇年，佛洛伊德以『列奧那持・達文西的幼兒期回憶』為題，發表了一篇論文，他主張人的藝術活動也能以精神分析來加以說明。

根據佛洛伊德的說法，蒙娜麗莎的微笑之謎能以列奧那特・達文西幼兒期貧窮的生活和溫柔的母親等的體驗來解開，暫且來聽聽佛洛伊德所說的。

達文西於一四五二年誕生在佛羅倫斯附近的文西村，他的父親比埃洛・達文西是當地的富翁，而且世代都擔任公證人，比埃洛是個能幹的人，所以，使得達文西家愈來愈有聲望。但是，他的婚姻都很不幸，結過四次婚，前兩位妻子都沒留下孩子便去世了，列奧那特是比埃洛與貧窮的農家女加德麗娜所生的私生子，由於比埃洛沒有孩子，所以，在列奧那特三至五歲時將他領養來，因此，列奧那特在三至五歲之前不曉得自己有父親，而完全都由母親來養育他。加德麗娜由於無法和丈夫一起生活，所以將年幼的列奧那特視為丈夫的替代品，而傾注所有的愛來養育他，這反而使列奧那特的性愛過於早熟而喪失了部分男子氣概。

一般來說，母親對「嬰兒」的愛比對「少年」的愛更強烈，尤其是在沒有父親的情況下，對母親來說，嬰兒不僅能滿足心理的願望，也具有使肉體的欲求獲得滿足的情愛關係，因此，母親的姿態與性的欲動相連結，深深地刻劃在列奧那特的心底深處。列奧那特的繼母也是一位非常溫柔的女性，他將這兩位溫柔的母親深深地刻劃在心中，就這樣度過了幼年期。

長大成人的達文西在過了五十歲名聲極高的時候，當他遇到與母親有相同微笑的蒙娜麗莎，他的心立刻被她征服。達文西大約從一五〇三年至一五〇七年花了四年的工夫來描繪蒙娜麗莎的肖像。達文西在以蒙娜麗莎為模特兒的期間，為了使蒙娜麗莎一直保微笑而無所不用其極，他所描繪的微笑是交織著無限的愛與不幸的「謎樣的微笑」。

由於達文西深受蒙娜麗莎的微笑所吸引，所以，這個主題反覆出現在他往後的作品中，他學生的作品中也會出現，其中尤其是由「三人行的聖安娜」中瑪麗亞的相貌可以清楚地看出那種微笑的特徵。

蒙娜麗莎（達文西作）

三人行的聖安娜（達文西作）

佛洛伊德認為這幅畫中這位被稱為聖母而遠離男孩的女性，由其外觀及對小男孩的空間位置的關係來看，正是他的生母加德麗娜，小男孩當然就是幼年時期的自己。以聖安娜幸福的微笑來掩蓋住這位不幸的女性必須將丈夫、兒子讓給身分高的競爭者時，所感到的嫉妒。

更進一步來看這幅畫，安娜和瑪麗亞的身影像是夢中人物般地相互交融，不能很清楚地分辨出來，這並不是構圖失敗或有瑕疵，而是由於幼年時代的兩位母親對他而言，應該被融合成一個人物。

藝術論

佛洛伊德試圖以精神分析的立場來說明藝術的活動，他的藝術觀可由一九一一年所發表的『與心理現象二原則有關的要素』中可看得出來。

「所謂的藝術是以一種獨特的方法，將快樂原則和現實原則統合的東西。大體上所謂的藝術家都是不願面對現實的人，為什麼他們會不願面對現實呢？那是因為現實無法滿足人類的欲望，藝術家很厭惡這一點。他們是不會放棄滿足欲望的，於是他們藉著空想來滿足自己的性欲動和世俗的願望，藝術家就是這種人，但是，他們並不是一到空想世界就不會再回到現實世界來，他們以特殊的才能將自己的空想重新塑造一種新的現實，當人們一看到藝術家所重新塑造出來的現實時，不但會感動而且能夠感覺出他們所要表現的東西，於是空想和現實世界就會產生關連。他們以這種方式創造出自己所希望的英雄、創造者和愛人，一般人也是跟藝術家一樣，厭惡由於現實的各種情況而放棄自己的欲動，所以，看到藝術家的作品會令人產生共鳴。」

佛洛伊德所要說的是，藝術家與神經官能症的患者一樣，由不能獲得滿足的現實世界退隱到空想的世界，但是，他們又與神經官能症的患者不同，他們會回到現實世界來，並且堅守自己的立場。因此，藝術家的作品和夢一樣，都是充滿著無意識的願望的，也是欲望能糾葛與妥協的結果。

但是，又與夢不同，經常將別人包含在內，再更進一步地表現出其所伴隨的形式美。因此，能引起一般人的共鳴。

佛洛伊德嘗試以精神分析來說明藝術本身，但這是有限的，他認為精神分析學無法闡明藝術家的天分，以及藝術所使用的技法和祕密。

圖騰與禁忌

在發表『與心理現象的二原理有關的要素』之後的第三年，佛洛伊德又發表了『圖騰與禁忌』。圖騰是在十八世紀末，英國人容克由美國印第安人那裏得知的，它原則上是代表部落的祖先或某些被認定為部落守護神的動物或植物，還有即使被認定為圖騰的動物是具有危險性的，但部落人民認為這些動物不會加害於自己的族人，所以，部落人民並不加以殺害這些動物，如果犯了這個禁忌，則自然應該受到懲罰。

而禁忌是指具有「神經的」、「毛骨悚然」、「危險的」、「被禁止的」、「不滿的」等意思的玻里尼西亞語，其本質是表示「禁止」和「限制」等義的語言。但是，禁忌的限制與宗教道德上的禁制稍有不同。

禁忌沒有任何根據，而且由來不明，對文明人來說是難以理解的，受禁忌支配的人卻一點也不懷疑，它是不依照神的規定的禁制，而是由其自己本身塑造出來的禁制，它在宗教產生之前就已經存在了。

佛洛伊德的『圖騰與禁忌』中最著名的是，將精神分析學應用在民俗學或文化人類學上，其中敘述如下：

人類在原始社會中相信與圖騰之間相互尊敬、相互擁護的特殊心理關係，因而構成了社會組織，這不但是部落人民之間相互的連帶感和責任感的基礎，同時也是團結一致對抗其他部落或種族的絆腳石。因此，這個組織不但是宗教性的組織，同時也是社會性的組織，這種原始種族的社會統制體系稱為「圖騰主義」，由種種徵候看來，不論是多麼進步的民族，都被推定曾經經過圖騰主義的階段。

在此作為佛洛伊德理論的出發點是，在圖騰主義中可看得出不殺圖騰動物，和不在性方面侵犯與圖騰同種族的女性等兩個禁制，這與伊底帕斯情結中「殺父娶母」這一點非常一致。對未開化的人類來說，圖騰動物不但是代表父親，而且也代表種族的祖先。

對圖騰主義的恐懼感是基於伊底帕斯情結對父親的恐懼感，轉化為對動物的恐懼感，因此，圖騰動物是父親的代理人。

佛洛伊德另外提到關於「圖騰宴」的事，圖騰宴是全族人參加一年一度殺害平時敬懼的圖騰動物，然後將它吃掉，並且表示悲傷的原始民族的祭祀活動。佛洛伊德更進一步加上達爾文的推測說到：「人類曾經過著遊牧民族的生活，而整個遊牧民族只由一個強壯、有暴力性、嫉妒心強的男性來支配。」因而另外建立了一個假說。

根據這個假說來看，在人類原始遊牧民族中，父親是個具有絕對權力的專制者，他將所有族內的婦女佔為己有，並且殺害可能會成為自己危險敵人的兒子，有一天，兒子合力殺害自己的敵人也是一個理想中的父親，並且吃掉他的肉，之後，兒子之間彼此相互競爭，誰都無法繼承父親的遺產。

經過了這失敗，他們開始後悔殺害了父親，為了不使弒父的行為再度發生，他們彼此之間訂立了一個規定，在這個規定之下團結起來，這個規定便是圖騰主義。在這個規定中，禁止殺害代表父親的圖騰動物，也禁止佔有同族的婦女，於是他們轉而佔有其他民族的婦女，這正是與圖騰主義有密切關係的異族間通婚的來源。圖騰宴算是為了紀念自己殺害父親的行為而舉行的祭祀，也是原罪的犯罪意識和宗教及人倫制約的起源。

宗教論

這個假說是否能夠成立，那另當別論，如果站在這個假說的立場來思考，宗教是依附在戀父情結的基礎上，由於文化的進步，以圖騰動物來代替父親的觀念被廢止之後，令人害怕、憎恨、尊敬及羨慕的父親逐漸變成了神的原型。憎恨與羨慕的情緒相互競爭，終於產生了新的妥協，這就是宗教。

佛洛伊德在一九二七年發表了『幻想的未來』，他在其中敘述到，個人幼兒期的經驗以強迫性的力量來逼入個人的心理當中，這就是強迫神經症，同樣地，個人幼兒期的經驗也被投影在成人的社會中，以強迫性的力量將其逼入集團心理當中，這就是宗教。

他斷言像宗教這樣一種社會制度，是個人幼兒期的體驗向外界投影的現象，也就是幻想。這想法當然受到了外界猛烈的指責，連羅曼羅蘭也是反對者之一。

為了反駁那些反對者的論調，佛洛伊德寫了『文明的不安』一書，在書中敘述到，宗教的感情根源和精神分析的關係，但是，如果沒有正確理解到佛洛伊德所說的「幻想」這句話的意義，及宗教的毒害究竟是指什麼，而單單就「宗教是幻想」這句話，並不能單純地指責佛洛伊德否定宗教，或指責他的宗教論是錯誤的。他只不過是強調宗教具有強迫神經症的一面和性本能的一面罷了，而這些都因為經常以昇華的形式被包含著，所以不容易被了解到。

愛因斯坦的質問信

一九三一年，「國際文學藝術協會永久委員會」對「國際聯盟知識協力委員會」提出以下的勸告：「希望貴會能選擇對國際聯盟和我們的精神生活都有利的主題，並且將具有知識精神的代表人物之間的書信往來公開發表出來。」

為了答覆這個勸告，「國際聯盟知識協力委員會」在巴黎發行一系列的「通信」和「公開書信」，在這一系列的第二卷中，以「為什麼會有戰爭」為主題，刊登了一九三二年六月三十日愛因斯坦寫給佛洛伊德的書信，以及佛洛伊德的回信。內容講到一九三二年洛桑會議於六月召開，決定了第一次世界大戰戰敗國德國對協約國的賠償金額為三十億馬克。

翌年，在德國的選舉中，希特勒所領導的納粹黨躍為第一大黨，接著希特勒就任首相，並進行獨裁。在第一次世界大戰所受到的痛苦教訓尚未完全復元時，卻又感覺到新的戰爭即將爆發。

在戰禍連續不斷的歐洲，佛洛伊德和愛因斯坦這兩位和平主義的支持者，究竟交換了什麼樣的書信呢？這兩個人不僅是個人的和平主義支持者，同時也都是遭到希特勒迫害的猶太人和平主義支持者，在這樣的時代背景中，他們究竟在想些什麼呢？他們之間的書信往來是由愛因斯坦寄給佛洛伊德的質問信開始的。

愛因斯坦這樣寫著：

「……各國為了調停發生在彼此之間的紛爭，而立法或設司法機關來處理這些事情，如果大家都負起服從的義務，……便能解決防止戰爭的外部問題及機構的內部問題。……但是，由於這種機關也是由人所制定的制度，所以，如果其所擁有的權力逐漸變小的話，那麼，就會愈缺乏對法律的強制力。雖然是這麼說，一旦我們要組織一個讓各國都絕對服從其判決與執行的超國際機構，仍然還是遙不可及的事。……人民因為戰爭而飽受痛苦，除了喪失親人和財產外，其他什麼都沒有了，但是，為什麼他們仍願意屈服在少數支配者的欲望中呢？……尤其是這些少數的支配者將報紙、學校、宗教團體都掌握在手中，而使多數人沉陷在狂亂和獻身的熱狂狀態中，這到底是什麼原因呢？……是否無法發達人的精神，來使他們對憎惡和殺戮等的精神病具有抵抗能力呢？」

在愛因斯坦的這封信當中，清楚地提出了只有心理學者才能解釋的問題。

和平論

佛洛伊德在一九三二年九月由維也納回給愛因斯坦的信中寫著：

「親愛的愛因斯坦先生，……人類相互之間的利害關係，原則上只有使用暴力才能夠解決，這種事情在整個動物界中不斷的進行著，不可能只有人類是例外的。……回顧歷史也好，環視日常生活的瑣事也好，到處存在著具有強烈攻擊性與破壞性的殘虐行為，即使是當我每次聽到或看到這些殘虐行為時，甚至會認為理念動機等對破壞的欲望是否只是扮演著藉口的角色？

例如，由歷史上可以看到宗教審判的殘虐行為時，理念的動機在意識中擴大開來，破壞性動機則隱藏在理念動機的背後，這反而在無意識之中強化了理念的動機。……由此可見，想要矯正人類的攻擊性傾向是完全不可能的。

……布爾史威斯特認為，如果能保證滿足物質上的要求，更進一步使得參加共同體的人們『平等』的話，人類的攻擊性傾向才會消失。但是，我認為那種事純粹只是幻想罷了。

……要確實地防止戰爭，只有在人類團結的時候，重新設立一個能夠在利害相衝突時下判決的中心性『暴力』。這一點可能必須符合兩個條件，其一是，前面所提到的組織上級法庭，另一個是賦予這個法庭必要的力量。這當中，如果只符合一方面的條件，也是徒勞無功吧！

一般人認為國際聯盟就是這樣的法庭，但是，國際聯盟並未符合『力量』的條件，它並沒有具備自己的力量，只有在各國願意將力量讓渡給國際聯盟時，它才能取得自己本身的力量，但這個希望在目前是微乎其微！

我們強烈地反對戰爭，那是因為除了反對之外，別無它法了，我們是和平主義的支持者，那是因為我們不得不如此。……要等到什麼時候，大家才都會成為和平主義的支持者呢？這點我無法明確地說出來，但站在文化的立場，『為了避免未來戰爭的災禍，不久的將來戰爭就會全部絕跡』這樣的想法並不是烏托邦式的希望吧！雖然無法推測到該如何來達成這個目標，但告訴你也無所謂，隨著文化發達，其所促進的東西對防止戰爭應該都有幫助！……佛洛伊德敬上。」

讀者在閱讀這封信時，大概可以感覺到好像是針對今日世界的情勢所寫的信吧！這種想法也正是在『文明的不安』中所敘述的。

接下來再引用他的話：「人類的命運是否克服由於文化的發達所帶來的人的

攻擊性欲動，以及自我否定的欲動等破壞社會生活的活動呢？即使可以克服，也只是在於能夠做到什麼樣的程度，其結果是無法預先判斷的。」

在他的和平論中，仍然彌漫著不抱任何幻想的嚴格現實主義者的面貌，這又顯示出他悲觀主義的色彩。

『哈姆雷特』的分析

最後來簡單敘述一下佛洛伊德分析莎士比亞的悲劇『哈姆雷特』的理論。

佛洛伊德認為『哈姆雷特』與『伊底帕斯王』都是站在同一位基礎上，只是處理材料的方式不同而已。『伊底帕斯王』是將幼兒的根本願望和空想，以實現的形態來展開故事的內容，而『哈姆雷特』則是以被壓抑的形態來展開故事的內容。

『哈姆雷特』主要是敘述主角將父王亡靈所賦予他的報仇任務延後的情節，但是，對於主角為何延遲執行復仇計劃的動機或根據，莎士比亞並未加以詳細描述。大多數的「哈姆雷特論」也沒有明白的說明這點。

例如，歌德認為哈姆雷特是一個將活潑的行動力過分發達為思考力，而延遲復仇的人。根據其他的意見，莎士比亞是想將哈姆雷特描寫為一個陷入神經衰弱和優柔寡斷的人，但是，如果看到此劇的話，應該立刻明白到哈姆雷特不是那種人。

他將躲在壁毯後面偷聽的人立刻刺殺，而且還殺了二個想要狙擊他的臣子，如果是行動力遲緩或優柔寡斷的人是無法做到這點的。然而最後他仍然無法替父王報仇，這是什麼原因呢？

哈姆雷特是那種想做什麼都能做到的男子，但是，卻無法殺死叔叔為父王報仇，那是因為叔叔殺害父親又佔據了父王在母親身邊的地位，這可以說，是哈姆雷特在幼兒時代被壓抑的伊底帕斯願望實現出來的緣故。因此，在哈姆雷特的心中，無意識會響起這樣的聲音：「你不能說自己是比想要殺害的叔父更上一層的人，因為你自己不也是有弒父奪母的願望嗎？」這種自我譴責與良心的譴責使他的復仇行動一再拖延。

以上是佛洛伊德將在哈姆雷特心中無意識的東西，翻譯為意識東西的結果。佛洛伊德將這些創作詩人的心理加以分析，試圖要理解他們所創造出來的文化遺產。

以往所敘述有關佛洛伊德的思想，是以最小限度的假定和為多數的事實來說明的，由適用於藝術家、社會事業家和精神醫學家們實際活動的優秀理論，到被批評為精神分析學在本質上是非科學的，其在科學家以外的人們之間受到歡迎，完全是由於其非科學的性質。

另外，還有各式各樣的批評，但這本書並不是以敘述這些批評為目的，而是以易懂的方式來說明佛洛伊德的生涯及其思想的概要，讀者閱讀這本書時，如果已經有稍微了解，而希望更進一步了解佛洛伊德思想，對於他思想的批判，還是由讀者親自直接接觸他的著作，才能更加了解。

※　※　※

夢的分析、例題解答

佛洛伊德將例題分析如下：如果卡爾死亡的話，就會和奧多死亡時一樣舉行葬禮，這麼一來，她就會一直待在姐姐家，她念念不忘的情人也會來參加葬禮，那麼就和奧多的葬禮時一樣，可以見到他。因此，這個夢顯然是隱藏在她內心深處的願望充足。

這個願望平時被她壓抑著，而夢中所出現的充滿悲傷的葬禮場面，則是她壓抑自己內心願望的結果被扭曲而形成的場面，所以，「奧多死時感到非常悲傷，但在這個夢裏卻不會感到痛苦和悲傷。」就是由於這個緣故。

以上便是佛洛伊德的分析。

佛洛伊德年譜

西曆	年齡	年譜	時代背景
一八五六		佛洛伊德誕生於弗萊堡（五月六日）	克里米亞戰爭結束。美國總領哈里斯駐入日本下田
五九	三歲	佛洛伊德全家移居維也納	達爾文發行『物種的起源』。馬克思出版『經濟學批判』
六一	五	佛洛伊德未來的妻子瑪莎・柏內斯誕生（六月二十六日）	南北戰爭開始（～一八六五）
六五	九		孟德爾法則
六七	一一		奧匈帝國成立（～一九一八） 馬克思完成『資本論』第一卷
七一	一五		德意志帝國成立
七三	一七	佛洛伊德進入維也納大學就讀	俾斯麥的文化鬥爭開始 溫特出版『生理的心理學

			綱要』
一八七六	二十	開始在布呂克生理學研究所工作	貝爾發明電話
七八	二二		柏林會議（進入帝國主義時代）
八〇	二四	布洛伊爾開始治療病人安娜（～一八八二） 佛洛伊德發行穆勒的『婦女解放論』的德文譯本	愛伯特發現傷寒菌
八一	二五	佛洛伊德取得醫師資格	巴斯德發現狂犬病菌
八二	二六	佛洛伊德在梅納特的精神病治療所工作 與布洛伊爾開始共同研究歇斯底里症	考科發現結核菌 德奧義三國同盟成立
八四	二八	埋頭研究將可卡因和生物鹼作為麻醉劑的研究	
八五	二九	佛洛伊德被任命為維也納大學神經病理學講師，前往巴黎留學，在沙考特之下接受指導	
八六	三十	佛洛伊德與瑪莎・柏內斯結婚，並在維也納開設醫治精神病的私人診所	
八九	三三	前往南錫學習催眠治療法	
九二	三六	刊行「歇斯底里現象的心理轉機」	

一八九四	三八		中日甲午戰爭（～一八九五）
九五	三九	與布洛伊爾共合著「歇斯底里的研究」	
九六	四〇	於『歇斯底里病因論』中第一次使用「精神分析學這句話。父親雅可布去世（十月二十三日）	
九七	四一	在維也納大學取得教授的資格	
一九〇〇	四四	『夢的解析』初版。以此年為精神分析學的發祥年	義和團之亂 八國聯軍
〇四	四八	發行「日常生活的心理分析」	日俄戰爭（～一九〇五）
〇五	四九		第一次俄國革命 愛因斯坦發表「特殊相對性原理」
〇六	五〇	布洛伊爾參與佛洛伊德的研究	
〇七	五一	阿德勒發行「肉體器官的自卑感」	
〇八	五二	在薩爾斯堡召開第一屆國際精神分析學會，並創刊『精神分析和精神病理學研究年報』	奧國兼併波士尼亞和黑塞哥維納
〇九	五三	應邀至美國克拉克大學參加創校二十周年紀	

		念典禮並且演講。克拉克大學授予法學博士的榮譽學位	
一九一〇	五四	國際精神分析學會創立。『精神分析中央雜誌』創刊	日韓合併
一一	五五	阿德勒退出國際精神分析學會	辛亥革命（十月十日）
一二	五六	精神分析學雜誌『意象』創刊	
一三	五七	發表『圖騰與禁忌』	
一四	五八	容格退出國際精神分析學會。佛洛伊德發行『精神分析運動史』及『自戀主義序說』	薩拉耶佛事件 第一次世界大戰爆發（～一九一八）
一五	五九		愛因斯坦發表『一般相對性理論』
二〇	六四	發行『快感原則的彼岸』，首次提倡「死的本能」	國際聯盟成立
二一	六五	發行『集團心理與自我的分析』	
二二	六六	首次倡導「超自我」。在柏林舉行的國際精神分析學會大會上演講，這是他最後一次的演講	墨索里尼進軍羅馬 華盛頓海軍裁減會議
二五	六九	布洛伊爾逝世於維也納	
二六	七十	發行『不安論』	

一九三〇	七四	獲得歌德文學獎。發行「文明與不滿」。母親阿美麗・那丹森逝世（九月十二日）	經濟恐慌更加嚴重 倫敦海軍裁減會議
三三	七七		希特勒就任首相 奧地利的特魯夫斯開始獨裁 日本、德國退出國際聯盟
三六	八十	世界各國為佛洛伊德舉辦八十歲生日慶祝會	日本二二六事件
三七	八一		盧溝橋事變。上海事變
三八	八二	遭到納粹德國的迫害，離開維也納（六月），經由巴黎而逃亡倫敦。佛洛伊德執筆『摩西與一神教』	德奧聯邦
三九	八三	佛洛伊德逝世於倫敦（九月二十三日）	德蘇互不侵犯條約訂立（八月二十三日） 德國入侵波蘭（九月一日） 第二次世界大戰爆發（～一九四五）

歡迎至本公司購買書籍

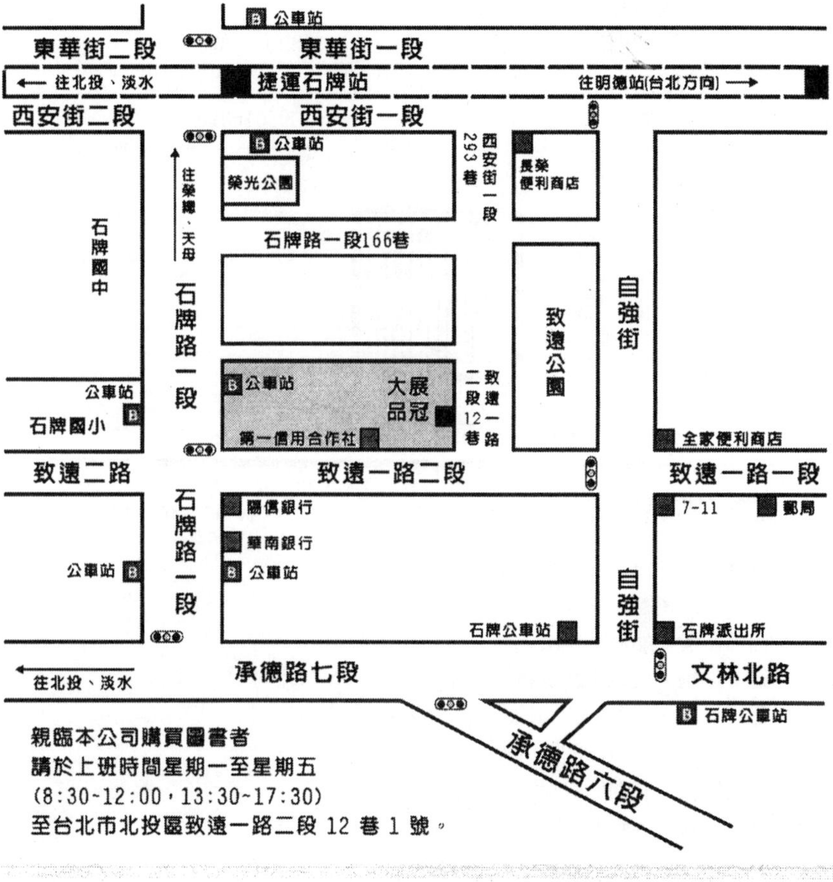

親臨本公司購買圖書者
請於上班時間星期一至星期五
(8:30~12:00，13:30~17:30)
至台北市北投區致遠一路二段 12 巷 1 號。

建議路線

1.搭乘捷運

淡水線石牌站下車，由出口出來後，左轉(石牌捷運站僅一個出口)，沿著捷運高架往台北方向走(往明德站方向)，其街名為西安街，至西安街一段293巷進來(巷口有一公車站牌，站名為自強街口)，本公司位於致遠公園對面。

2.自行開車或騎車

由承德路接石牌路，看到陽信銀行右轉，此條即為致遠一路二段，在遇到自強街(紅綠燈)前的巷子左轉，即可看到本公司招牌。

國家圖書館出版品預行編目資料

佛洛伊德／傅　陽主編
－初版－臺北市，品冠，民 95
面；21 公分－（名人選輯；1）
ISBN 957-468-476-8（平裝）
1.佛洛伊德（Frend, Sigmund, 1856-1939）—傳記
2.佛洛伊德（Frend, Sigmund, 1856-1939）—學術思想
784.38　　　　　　　　　　　　95010310

佛洛伊德　　　　ISBN 957-468-476-8

主 編 者／傅　　陽
發 行 人／蔡　孟　甫
出 版 者／品冠文化出版社
社　　址／台北市北投區（石牌）致遠一路 2 段 12 巷 1 號
電　　話／(02) 28233123・28236031・28236033
傳　　真／(02) 28272069
郵政劃撥／19346241(品冠)
網　　址／www.dah-jaan.com.tw
E-mail／service@dah-jaan.com.tw
承 印 者／國順文具印刷行
裝　　訂／建鑫印刷裝訂有限公司
排 版 者／千兵企業有限公司
初版1刷／2006 年（民 95 年） 8 月

定　價／200 元

推理文學經典巨著，中文版正式授權

名偵探明智小五郎與怪盜的挑戰與鬥智

名偵探柯南、金田一都讚嘆不已

日本推理小說鼻祖—江戶川亂步

1894年10月21日出生於日本三重縣名張〈現在的名張市〉。本名平井太郎。
就讀於早稻田大學時就曾經閱讀許多英、美的推理小說。
畢業之後曾經任職於貿易公司，也曾經擔任舊書商、新聞記者等各種工作。
1923年4月，在『新青年』中發表「二錢銅幣」。
筆名江戶川亂步是根據推理小說的始祖艾德嘉·亞藍波而取的。
後來致力於創作許多推理小說。
1936年配合「少年俱樂部」的要求所寫的『怪盜二十面相』極受人歡迎，
陸續發表『少年偵探團』、『妖怪博士』共26集……等
適合少年、少女閱讀的作品。

1～3集　定價300元　試閱特價189元